BIBLE in Hand 교양인을 위한 성경

구약 | 에스라기 · 느헤미야기 · 에스더기

하나님 없는 세상에서 하나님과 함께 살아가기

해제 **김근주**

비아 프로젝트

해제 **김근주** | 기독연구원 느헤미야 연구위원

서울대학교 경제학과를 졸업하고, 장로회신학대학교 신학대학원에서
목회학 석사(M.Div.)와 신학 석사(Th.M.) 학위를 받은 후,
영국 옥스퍼드대학교에서 칠십인역 이사야서의 신학적 특징을 다룬
논문(The Identity of the Jewish Diaspora in the Septuagint Isaiah)으로
박사(D.Phil.) 학위를 받았다.
기독연구원 느헤미야 연구위원이며, 일산은혜교회 협동목사로 섬기고 있다.
〈복음의 공공성〉(비아토르), 〈특강 예레미야〉 〈특강 이사야〉(IVP),
〈나를 넘어서는 성경 읽기〉 〈소예언서 어떻게 읽을 것인가 1, 2, 3〉(이상 성서유니온),
〈구약의 숲〉 〈다니엘처럼〉 〈네 이웃을 네 몸과 같이〉(이상 대장간),
〈구약으로 읽는 부활 신앙〉(SFC출판부) 등을 펴냈다.

구약 | 에스라기 · 느헤미야기 · 에스더기

하나님 없는 세상에서 하나님과 함께 살아가기

추천사

믿음에 관심이 있거나 새로 예수를 믿게 된 사람들이 성경을 읽어야 하는데, 이때 전권을 주고 읽으라고 하면 질려서 잘 읽지를 못한다. 이런 사람들에게 이 책을 권하면 좋을 것 같다. 새번역을 사용하고 있고, 읽으면서 생길 수 있는 질문에 답을 주는 짧은 주석이 붙어 있어서 재미있게 읽을 수 있기 때문이다. 이 낱권 성경책은 특별히 비신자 전도에 집중하는 가정교회에서 잘 활용할 수 있을 것이다. 처음 성경을 접하는 분들이 성경을 쉽게 이해하고, 성경 읽는 데 자신감이 생길 것이다.

_ **최영기** | 휴스턴서울교회 은퇴목사, 국제가정교회사역원 초대원장

베스트셀러를 주로 읽는 요즘 사람들은 정작 인류 최고의 베스트셀러인 성경에는 무지하다. 일반인들이 성경을 읽으려면 먼저 성경은 종교적 경전의 모양새에서 벗어나야 한다. 이 책은 바로 그런 목적으로 출간되었다. 이제 종교적인 편견을 버리고 성경을 읽고, 세계 시민에 걸맞은 교양을 가져보자.

_ **방선기** | 일터개발원 이사장

거룩할 '성'과 날 '경' 자로 구성된 성경(聖經)은 우리 삶이 혼돈의 심연으로 빠져들지 않도록 지켜주는 수직의 중심이다. 사람들이 성경에는 오류가 없어야 한다고 믿는 것은 그 때문이다. 성경을 읽다가 모순되는 지점을 발견하는 순간 경건한 사람들은 마치 연모하던 이의 비밀스러운 모습을 본 것처럼 민망해한다. 기독교에 대해 반감을 가진 이들은 '잘코사니!' 하면서 공격의 빌미를 삼는다. 민망해할 것도 없고, 쾌재를 부를 것도 없다. 김근주 교수와 권연경 교수의 안내를 받아 성경 속을 거닐다 보면 그 모순 속에 담긴 삶의 심오함에 가 닿을 것이다. 교회 밖의 사람들은 물론이고 기독교인에게도 이 책은 좋은 길잡이가 되어주리라 믿는다.

_ 김기석 | 청파교회 담임목사

일러두기

01

이 책에 사용된 한글 번역본은 대한성서공회의 허락을 받아 〈성경전서 새번역〉(2001년)을 사용했습니다.
기독교 성서를 번역, 출판, 반포하는 대한성서공회는 〈성경전서 새번역〉에 대해 "원문의 뜻을 우리말 독자들이 이해할 수 있도록 정확하게 번역하고, 쉬운 현대어로, 우리말 어법에 맞게, 한국교회에서 사용할 수 있도록 번역된 성경"이며, "번역이 명확하지 못했던 본문과 의미 전달이 미흡한 본문은 뜻이 잘 전달되도록 고쳤다. 할 수 있는 대로 번역어투를 없애고, 뜻을 우리말로 표현하려고 노력했다. 그러나 신학적으로 중요한 본문에서는 원문을 그대로 반영하려고 노력했다. 대화문에서는 현대 우리말 존대법을 적용했다"고 밝히고 있습니다.

02

성경 본문 하단은 성경을 읽으면서 생기는 궁금한 내용에 대해 질문과 해제 형식으로 담아냈습니다. 질문은 편집부에서 만들고, 해제는 구약성경은 김근주 교수(기독연구원 느헤미야), 신약성경은 권연경 교수(숭실대 기독교학과)가 맡았습니다.

성경 본문입니다.

장을 말합니다.

절을
말합니다.

겠고, 나를 애써 찾을 것이지만, 나를 만나지 못할 것이다. 29
이것은 너희가 깨닫기를 싫어하며, 주님 경외하기를 즐거워하
지 않으며, 30 내 충고를 받아들이지 않으며, 내 모든 책망을
업신여긴 탓이다. 31 그러므로 그런 사람은 제가 한 일의 열매
를 먹으며, 제 꾀에 배부를 것이다. 32 어수룩한 사람은 내게
등을 돌리고 살다가 자기를 죽이며, 미련한 사람은 안일하게
살다가 자기를 멸망시키지만, 33 오직 내 말을 듣는 사람은 안
심하며 살겠고, 재앙을 두려워하지 않고 평안히 살 것이다."

{ 제2장 }

지혜가 주는 유익

1 아이들아, 내 말을 받아들이고, 내 명령을 마음속 깊이 간직
하여라. 2 지혜에 네 귀를 기울이고, 명철에 네 마음을 두어라.
3 슬기를 외쳐 부르고, 명철을 얻으려고 소리를 높여라. 4 은
을 구하듯 그것을 구하고, 보화를 찾듯 그것을 찾아라. 5 그렇

약자를 말합니다.
〈성경의 구성〉(9p)을
참고하십시오.

갑자기 독자들을 '아이들'(1절)이라고 부르네요. 어린이들에게 주는 당부인가요? 어느 시대, 어느 사회에서든 마찬가지겠지만, 최초의 교육이면서 가장 중요한 교육이 일어나는 곳은 당연히 가정일 것입니다. 비록 많은 부모가 이를 잘 행하지 못해서 부끄럽기도 하지만, 가정이야말로 가장 근본적인 교육의 현장입니다. '아이들'이라는 표현은 가정에서 이루어진 교육을 반영합니다. 바울이 디모데를 자신의 아들이라 표현했듯이(딤전 1:2), 고대 세계에서 스승은 제자를 곧잘 '아들'이라 불렀습니다. 그래서 "아이들아"와 같은 표현은 스승 앞에 모여 있는 어리거나 젊은 제자들의 모습을 떠올리게 합니다.

성경의 해당 부분
책 이름입니다.

잠언 *21*

질문과 해제입니다.

성경, 구약 39권 + 신약 27권

성경은 한 권의 책이 아닙니다. 기원전 1천 년 전부터 기원후 2세기에 이르기까지 아주 긴 시간 동안 쓰여진 다양한 책들의 묶음입니다. 성경은 66권의 책으로 구성되어 있습니다. 그 책들은 저자도, 내용도, 형식도, 분량도 모두 다릅니다. 성경은 크게 구약과 신약으로 구분되며, 구약은 39권, 신약은 27권으로 구성되어 있습니다.

또 성경에는 여러 종류의 번역판이 있는데, 이 책은 대한성서공회가 최근에 번역해 출간한 〈성경전서 새번역〉(2001년)을 채택하고 있습니다.

성경의 구성

구약

율법서	창세기(창) 출애굽기(출) 레위기(레) 민수기(민) 신명기(신)
역사서	여호수아기(수) 사사기(삿) 룻기(룻) 사무엘기상(삼상) 사무엘기하(삼하) 열왕기상(왕상) 열왕기하(왕하) 역대지상(대상) 역대지하(대하) 에스라기(라) 느헤미야기(느) 에스더기(더)
시가서	욥기(욥) 시편(시) 잠언(잠) 전도서(전) 아가(아)
대선지서	이사야서(사) 예레미야서(렘) 예레미야 애가(애) 에스겔서(겔) 다니엘서(단)
소선지서	호세아서(호) 요엘서(욜) 아모스서(암) 오바댜서(옵) 요나서(욘) 미가서(미) 나훔서(나) 하박국서(합) 스바냐서(습) 학개서(학) 스가랴서(슥) 말라기서(말)

신약

복음서	마태복음서(마) 마가복음서(막) 누가복음서(눅) 요한복음서(요)
역사서	사도행전(행)
바울서신	로마서(롬) 고린도전서(고전) 고린도후서(고후) 갈라디아서(갈) 에베소서(엡) 빌립보서(빌) 골로새서(골) 데살로니가전서(살전) 데살로니가후서(살후) 디모데전서(딤전) 디모데후서(딤후) 디도서(딛) 빌레몬서(몬)
공동서신	히브리서(히) 야고보서(약) 베드로전서(벧전) 베드로후서(벧후) 요한1서(요일) 요한2서(요이) 요한3서(요삼) 유다서(유)
예언서	요한계시록(계)

※괄호 안은 각 책을 줄여서 표기할 때 쓰는 약자입니다.

목 차

에스라기

Ezra

에스라기를 읽는 독자들에게

멸망 이후,
다시 주어진 삶을
어떻게 살아갈 것인가

귀환한 유다 공동체는 이제 국가를 회복하거나 재건하는 것에 아무런 관심을 두지 않습니다. 페르시아로부터의 독립이 중요한 것이 아니라, 주 하나님을 예배하며 그 율법을 준수하며 살아가는 신앙 공동체를 재건하는 것이 가장 중요하다 판단한 겁니다. "에스라는 주님의 율법을 깊이 연구하고 지켰으며, 또한 이스라엘 사람들에게 율례와 규례를 가르치는 일에 헌신하였다"라는 구절은 에스라만이 아니라 귀환 공동체 전체의 핵심 가치라고 볼 수 있습니다.

나라의 멸망, 그리고 이스라엘의 진정한 기적

주전 587년 바빌로니아에 의해 예루살렘이 함락되었고, 많은 사람들이 바빌로니아 땅에 포로로 끌려갔습니다. 이러한 포로 혹은 유배 생활은 상상보다 훨씬 더 충격적인 사건입니다. 이스라엘을 지탱하는 정체성은 주님은 이스라엘의 하나님이요, 이스라엘은 그분의 백성이라는 간결한 표현에서 잘 드러납니다. 그런데 하나님 백성으로서의 이스라엘, 하나님께서 주신 땅, 하나님께서 세우고 영원한 존속을 약속하신 다윗 언약, 하나님께서 거하시는 예루살렘 성전, 이 모든 것이 바빌로니아 포로기 사건에 의해 완전히 깨져버렸기 때문입니다. 이를 생각하면 정말 놀라운 일은 예루살렘 멸망, 그리고 바빌로니아 포로 생활의 시작과 더불어 이스라엘의 주 하나님에 대한 신앙이 전부 깨져버리지 않고 살아남아 그 이후로 오늘까지 전해졌다는 점입니다.

대개 고대 세계에서 나라 사이의 싸움은 신들의 싸움이며, 나라의 멸망은 그 나라의 신의 패배를 의미하므로, 멸망과 더불어 원래의 신에 대한 신앙이 더 이상 존속하기는 어려운 법이었습니다. 앗시리아나 바빌로니아 같은 나라의 신앙이 그 나라의 멸망 이후 거의 사라져버린 것에서도 이를 충분히 볼 수 있습니다.

그러나 이스라엘은 멸망 이후 신앙을 잃어버리는 것이 아니라, 자신들과 하나님에 대해 심사숙고하기 시작했습니다. 하나님께서 다른 나라 신들에게 패배했다고 여기지 않고, 자신들이 하나님을 떠났기에 하나님께서 다른 나라를 사용해 자신들을 심판해 징계하신 것이라고 깨달았습니다.
그러자 바빌로니아 포로기는 그저 우울하고 참담했던 기간이 아니라, 이스라엘 백성에게 하나님께서 주셨던 여러 말씀과 뜻에 대한 내용을 기록하고 모으고 결합하는 기간이 되었습니다. 오늘날 우리가 지닌 구약성경의 거의 대부분은 포로기 시절부터 모이고 결합되어 오늘날 같은 형태를 띠기 시작했습니다. 초자연적인 기적보다도 더 놀라운 기적은 멸망한 나라에서 신앙이 사라지지 않고 오히려 신앙에 따라 현실을 재해석해냈다는 것, 그리고 포로로서, 또 이후에는 나라소차도 이루지 못한 식민지 백성으로서 정체성을 잃지 않고 구약성경을 형성하고 신앙을 간직하며 전했다는 사실입니다.

에스라기와 느헤미야기, 같은 시기를 다루는 한 권의 책

주전 539년 페르시아는 바빌로니아를 무너뜨리고 고대 중동 세계 전역을 장악했습니다. 바빌로니아와 달리, 페르시아 임금 고레스는 바빌로니아에 의해 끌려온 모든 민족이 자신의 본토로 돌아가는 것을 허용했고, 주전 538년 이래 '포로 귀환'이 이루어집니다.
에스라와 느헤미야 역시 바빌로니아 지역에 살다가 다시 유다 땅으로 돌아온 이들입니다. 느헤미야기 2장 1절과 5장 14절에 따르면 느헤미야는 페르시아의 아닥사스다 왕 20년 되던 해에 유다 땅으로 돌아왔습니다(주전 445/4년). 에스라기 7장 8-9절에 따르면 에스라는 아닥사스다 왕 7년에 예루살렘으로 돌아왔는데, 페르시아에서 이 이름을 가진 임금이 여럿 있어서 명확하게 단정하기는 어렵지만 아마도 첫 번째 아닥사스다 왕이라고 보면 에스라의 귀국 연대는 느헤미야보다 13년 빠른 주전 457년이었으리라 추측됩니다. 두 사람의 활동은 이러한 포로기의 반성에 기반을 두고 페르시아 시기 다시 이스라엘 땅에서 살게 된 유다인들의 대응을 보여줍니다.

우리 성경책에는 에스라기와 느헤미야기가 별도의 책으로 배열되었지만, 가장 오래된 히브리어 사본들과 헬라어 사본들에서 이 두 책은 한 권으로 묶여 있으며 이후로도 한 권의 책으로 유통되었을 것입니다. 기독교의 경우 주후 4세기 라틴어로 번역된 성경에서부터 두 책이 분리되어서 오늘까지 이릅니다. 두 권의 책으로 되어 있지만, 에스라기와 느헤미야기는 한 권처럼 함께 읽는 것이 필요합니다. 에스라기에 느헤미야 시대 성벽 재건 상황이 나와 있는가 하면(라 4:8-23), 느헤미야기 8장에서는 에스라가 아주 중요한 역할을 하고 있기도 합니다. 이를 볼 때도 에스라기와 느헤미야기는 분리된 책이 아니라 한 권의 책이라고 할 수 있습니다.

책 이름이 에스라기라고 되어 있지만 실제로 에스라의 사역은 에스라기 7장부터 시작됩니다. 7장이 “이런 일들이 지나가고 난 다음이다"라고 시작하지만, 6장은 다리우스 시대 성전 봉헌이 배경이고 7장은 아닥사스다가 배경입니다. 페르시아 왕조는 고레스(주전 559-530년)-캄비세스(주전 530-522년)-다리우스(주전 522-486년)-아하수에로(주전 486-465년)-아닥사스다 1세(주전 465-424년)의 순서로 이어집니다. 그래서 6장과 7장 사이에는 시간적 간격이 꽤 있는 셈입니다.

에스라가 전혀 등장하지 않는 에스라기 1-6장의 핵심 내용은 돌아온 이들이 중심이 되어 지은 두 번째 성전입니다. 이 성전은 역사적으로 주전 516년에 완공됩니다. 에스라나 느헤미야의 활동과는 무관한, 그들의 시기보다 50-60년 이전의 유다 땅에서 벌어진 일인데도, 에스라기는 그 내용을 상세하게 1-6장에 실어두었습니다. 그래서 1-6장은 단지 에스라기를 위한 서문이라기보다는 에스라기-느헤미야기 전체의 서문이라고 볼 수 있습니다.

귀환 공동체의 최우선 목표이자 핵심 가치는

에스라기 1-6장이 성전 재건을 다루었다면, 7-10장은 에스라가 중심이 되어 귀환 공동체가 하나님의 율법을 힘써 준수하는 것을 둘러싼 내용을 다룹니다. 여기에 이어지는 느헤미야기 1-7장은 예루살렘 성벽 건축을 다루며, 8-10장은 공동체의 율법 준수를 다룹니다. 이어지는 11장부터 12장 43절까지는 성전과 성벽을 기반으로 공동체를 재조직하고 성벽을 봉헌하는 내용을 다룬다고 볼 수 있으며, 느헤미야기의 마지막 12장 44절부터 13장은 율법에 따른 개혁 단행을 다룹니다.

이 흐름을 간단히 표기하면 에스라기-느헤미야기는 '성전 재건-율법 준수-성벽 건설-율법 준수-공동체 재조직과 성벽 봉헌-율법에 따른 개혁'의 순서로 배열되었다고 할 수 있습니다. 이처럼 에스라기-느헤미야기는 성전과 성벽 같은 공동체의 외적인 공간을 확립하는 것과 공동체의 내적 측면에서 서로를 결속시키는 율법 준수를 번갈아 배치했습니다.

이러한 배열은 에스라기-느헤미야기가 추구하는 것을 잘 보여줍니다. 귀환한 유다 공동체는 이제 국가를 회복하거나 재건하는 것에 아무런 관심을 두지 않습니다. 페르시아로부터의 독립이 중요한 것이 아니라, 주 하나님을 예배하며 그 율법을 준수하며 살아가는 신앙 공동체를 재건하는 것이 가장 중요하다 판단한 겁니다. 유다 땅으로 귀환하는 "에스라는 주님의 율법을 깊이 연구하고 지켰으며, 또한 이스라엘 사람들에게 율례와 규례를 가르치는 일에 헌신하였다"(라 7:10)라는 표현은 에스라만이 아니라 귀환 공동체 전체의 핵심 가치라고 볼 수 있습니다.

이제 우리는 에스라기와 느헤미야기를 차례로 읽으면서 나라의 멸망으로 낯선 땅에 쫓겨나 살던 이들이 어떻게 과거를 반성했고, 그들에게 다시 주어진 삶을 어떻게 살아가는지 유심히 살펴볼 일입니다.

{ 제1장 }

고레스가 유다 포로 귀환을 허락하다

1 페르시아 왕 고레스가 왕위에 오른 첫해이다. 주님께서는,
예레미야를 시켜서 하신 말씀을 이루시려고, 페르시아 왕 고
레스의 마음을 감동시키셨다. 고레스는 온 나라에 명령을 내
리고, 그것을 다음과 같이 조서로 써서 돌렸다.
2 ○ "페르시아 왕 고레스는 다음과 같이 선포한다. 하늘의 주
하나님이 나에게 이 땅에 있는 모든 나라를 주셔서 다스리게
하셨다. 또 유다에 있는 예루살렘에 그의 성전을 지으라고 명
하셨다. 3 이 나라 사람 가운데서, 하나님을 섬기는 모든 사람
은 유다에 있는 예루살렘으로 올라가서, 그곳에 계시는 하나
님 곧 주 이스라엘의 하나님의 성전을 지어라. 그 백성에게 하
나님이 함께 계시기를 빈다. 4 잡혀온 하나님의 백성 가운데
서, 누구든지 귀국할 때에 도움이 필요한 사람이 있으면, 그

고레스는 왕위에 오르자마자 작심한 듯 이스라엘 백성들의 본국 송환과 성전 건축을 허락합니다. 고레스는 왜 이런 결정을 내린 걸까요? 고레스는 고대 중동 전역을 장악한 후, 바빌론에게 사로잡혀 강제로 끌려왔던 인근 모든 나라 사람들이 자기네 지역으로 돌아가 살도록 허용합니다. 이 같은 조치를 담은 내용이 '고레스 원통'(Cyrus Cylinder)에 실려 있으며, 지금도 대영박물관에 보관되어 확인할 수 있습니다. 에스라기 1장에 실린 내용은 그 조치가 유다 백성에게 해당되도록 다소 손질한 정도입니다. 당연히 고레스가 유다에게 특별한 호의를 가져서 저러한 조치를 행한 것이 아니라, 정복한 광대한 식민지를 효과적으로 다스리기 위한 방편으로 시행했습니다. 그러나 에스라기의 저자는 이를 하나님께서 고레스를 움직이신 결과로 해석했습니다. 기적이 일어나서 하나님의 행하심이 아니라, 주어진 현실의 변화를 하나님의 행하심으로 해석했고, 이를 통해 이스라엘은 믿음을 따라 새로운 삶을 살아갈 수 있었습니다.

이웃에 사는 사람은 그를 도와주어라. 은과 금과 세간과 가축을 주고, 예루살렘에 세울 하나님의 성전에 바칠 자원예물도 들려서 보내도록 하여라."

유다 포로가 예루살렘으로 돌아오다

5 ○ 그때에 유다와 베냐민 가문의 우두머리들과 제사장들과
레위 사람들과, 하나님께 감동을 받고 예루살렘으로 올라가서
주님의 성전을 지으려고 하는 모든 사람이, 길을 떠날 채비를
하였다. 6 이웃 사람들은, 자원예물 외에도 은그릇과 금과 세
간과 가축과 여러 가지 진귀한 보물을 주어서, 그들을 도왔다.
7 더욱이 고레스 왕은 주님의 성전에 속하여 있던 여러 가지
그릇까지 꺼내어 오게 하였는데, 그것들은 느부갓네살이 예루
살렘에서 가지고 가서 자기의 신전에 둔 것이다. 8 페르시아
왕 고레스는 재무관 미드르닷을 시켜, 그 그릇들을 꺼내어 낱
낱이 세어서, 유다 총독 세스바살에게 넘겨주게 하였다. 9 넘
겨준 물품은 다음과 같다. 금접시가 서른 개요, 은접시가 천

돌려주는 물건으로 그릇이 중요하게 다루어집니다. 그릇이 그렇게 중요한 이유가 있나요? 특별히 '그릇'이라는 물건이 중요했다기보다는, 성전에서 쓰이는 다양한 물건 가운데 그릇이 가장 많은 수를 차지했기 때문일 겁니다. 그런 점에서 이러한 그릇은 성전의 물건을 대표한다고 볼 수 있습니다. 그리고 성전 기물의 반환은 성전 제사의 회복을 상징합니다. 성전 제사가 회복된다는 것은 그야말로 이스라엘이 이제 그들의 주 하나님을 다시 예배하며 살아갈 수 있는 일상의 회복을 상징하는 결정적인 사건입니다. 그저 몸만 돌아가는 회복이 아니라, 하나님을 함께 예배할 수 있게 되는 회복임을 이러한 성전 그릇의 반환을 통해 표현한다고 볼 수 있습니다. 그렇기에 이어지는 3–6장은 성전 재건에 초점을 두고 서술되어 있습니다.

개요, 칼이 스물아홉 자루요, 10 금대접이 서른 개요, 다른 것
으로 대신 보충한 은대접이 사백열 개요, 그 밖에 다른 그릇이
천 개이니, 11 금그릇과 은그릇은 모두 오천사백 개이다. 세스
바살은, 포로로 잡혀간 이들을 바빌로니아에서 예루살렘으로
데리고 올 때에, 이 그릇을 모두 가지고 왔다.

{ 제2장 }

포로에서 풀려난 사람들(느 7:4–73)

1 바빌로니아 왕 느부갓네살에게 사로잡혀 바빌로니아로 끌
려간 사람 가운데서, 많은 사람이 바빌로니아 각 지방을 떠나,
저마다 고향 땅인 예루살렘과 유다로 돌아왔다. 2 그들은, 스
룹바벨과 예수아와 느헤미야와 스라야와 르엘라야와 모르드

페르시아 왕 고레스는 누구이고, 바빌로니아 왕 느부갓네살은 어떤 인물입니까?
성경의 바빌로니아는 역사적으로 신바빌로니아 왕국으로 불리는데, 주전 7세기 후반에 시작해 당대 최강국이던 앗시리아를 멸망시키면서(주전 612년) 고대 중동 세계의 패권을 차지했습니다. 느부갓네살은 이 바빌로니아의 힘을 강력하게 확장시켰던 임금이었으며, 바로 남왕국 유다를 멸망시킨 인물입니다. 바빌로니아는 그들이 정복한 나라의 유력 인사들을 바빌론으로 끌고 가는 정책을 폈습니다. 그러나 바빌로니아의 시대는 그리 길지 못했습니다. 지금의 이란 남서쪽 지역에 존재했던 안샨(Anshan)의 뛰어난 왕 고레스(Cyrus)의 진격으로 메대(Media)가 무너졌고, 마침내 주전 539년 바빌로니아 역시 고레스 군대에 함락되고 맙니다. 고레스가 건설한 페르시아는 이집트부터 북부 그리스, 중앙아시아, 인도 북서부에 이르는 광대한 지역을 지배하게 됩니다. 고레스는 바빌로니아에 의해 끌려온 각 나라 포로들이 전부 고국으로 돌아가도록 허용합니다.

개와 빌산과 미스발과 비그왜와 르훔과 바아나가 돌아올 때에
함께 돌아왔다.
○ 이스라엘 백성의 명단과 수는 다음과 같다.
3 ○ 바로스 자손이 이천백칠십이 명이요, 4 스바댜 자손이 삼
백칠십이 명이요, 5 아라 자손이 칠백칠십오 명이요, 6 바핫모
압 자손 곧 예수아와 요압 자손이 이천팔백십이 명이요, 7 엘
람 자손이 천이백오십사 명이요, 8 삿두 자손이 구백사십오 명
이요, 9 삭개 자손이 칠백육십 명이요, 10 바니 자손이 육백사
십이 명이요, 11 브배 자손이 육백이십삼 명이요, 12 아스갓 자
손이 천이백이십이 명이요, 13 아도니감 자손이 육백육십육
명이요, 14 비그왜 자손이 이천오십육 명이요, 15 아딘 자손이
사백오십사 명이요, 16 아델 자손 곧 히스기야 자손이 구십팔
명이요, 17 베새 자손이 삼백이십삼 명이요, 18 요라 자손이 백
십이 명이요, 19 하숨 자손이 이백이십삼 명이요, 20 깁발 자
손이 구십오 명이다.
21 ○ 베들레헴 사람이 백이십삼 명이요, 22 느도바 사람이 오
십육 명이요, 23 아나돗 사람이 백이십팔 명이요, 24 아스마
웻 사람이 사십이 명이요, 25 기랴다림과 그비라와 브에롯 사

3-20절은 자손으로, 21-35절은 지역의 사람으로 구분합니다. 어떤 차이가 있나요?
오늘 우리는 여기에 나오는 이름이 전혀 익숙하지 않지만, 3-20절의 경우 '~ 자손'이라는 히브리어 표현이 있고, 21절 이하는 대체로 '~의 사람'이라는 표현이 있습니다. 바빌로니아에 살다가 고레스의 조치와 더불어 귀환한 이후, 특정 시기에 귀환한 사람들의 명단을 정리했을 것입니다. 그 명단 가운데는 가문의 이름으로 알려진 이들이 있었는가 하면, 이스라엘 땅에 살던 지역 이름으로 전해진 사람들도 있었습니다. 2장의 명단은 아마도 그렇게 알려진 대로의 분류를 존중해서 가문으로 알려진 이들과 출신 지역으로 알려진 이들을 한데 모아 이처럼 배열했다고 볼 수 있습니다.

람이 칠백사십삼 명이요, 26 라마와 게바 사람이 육백이십일
명이요, 27 믹마스 사람이 백이십이 명이요, 28 베델과 아이
사람이 이백이십삼 명이다. 29 느보 사람이 오십이 명이요,
30 막비스 사람이 백오십육 명이요, 31 다른 엘람 사람이 천
이백오십사 명이요, 32 하림 사람이 삼백이십 명이요, 33 로
드와 하딧과 오노 사람이 칠백이십오 명이요, 34 여리고 사람이
삼백사십오 명이요, 35 스나아 사람이 삼천육백삼십 명이다.
36 ○ 제사장은, 예수아 집안 여다야 자손이 구백칠십삼 명이
요, 37 임멜 자손이 천오십이 명이요, 38 바스훌 자손이 천이
백사십칠 명이요, 39 하림 자손이 천십칠 명이다.
40 ○ 레위 사람은, 호다위야의 자손들인 예수아와 갓미엘 자
손이 칠십사 명이요, 41 노래하는 사람은, 아삽 자손이 백이십
팔 명이요, 42 성전 문지기는 살룸 자손과 아텔 자손과 달문
자손과 악굽 자손과 하디다 자손과 소배 자손인데, 모두 백삼
십구 명이다.
43 ○ 성전 막일꾼은, 시하 자손과 하수바 자손과 답바옷 자
손과 44 게로스 자손과 시아하 자손과 바돈 자손과 45 르바나

돌아간 이스라엘 백성의 명단과 수를 적시하고 있습니다. 이 성경은 행정 문서였나요? 에스라기 2장에 나오는 명단은 느헤미야기 7장 6-73절과 거의 동일합니다. 이 명단이 두 번이나 실렸다는 점에서 포로에서 돌아온 공동체에게 이 명단이 지니는 의미가 작지 않았음을 확인할 수 있습니다. 세금 징수라는 행정적 필요 때문에 만들어졌을 수도 있지만, 세금과는 무관한 제사장이나 레위인에 대한 명단도 있다는 점에서 페르시아 당국의 행정적 필요와는 무관한 문서였으리라 여겨집니다. 정확한 족보를 파악하기 어려운 사람에 대한 언급이 있다는 점(59, 62절)으로 보건대, 돌아온 이들이 나라가 멸망하기 전 이스라엘과 이어진 사람들임을 명확히 하는 것이 이 명단의 목표였다고 볼 수 있습니다. 나라는 망했고 이방 땅에 살다가 돌아왔지만, 하나님의 언약 백성으로서 그들의 정체성은 연속되고 있다는 것입니다.

자손과 하가바 자손과 악굽 자손과 46 하갑 자손과 사믈래 자
손과 하난 자손과 47 깃델 자손과 가할 자손과 르아야 자손과
48 르신 자손과 느고다 자손과 갓삼 자손과 49 웃사 자손과
바세아 자손과 베새 자손과 50 아스나 자손과 므우님 자손
과 느부심 자손과 51 박북 자손과 하그바 자손과 할훌 자손과
52 바슬룻 자손과 므히다 자손과 하르사 자손과 53 바르고스
자손과 시스라 자손과 데마 자손과 54 느시야 자손과 하디바
자손이다.
55 ○ 솔로몬을 섬기던 종들의 자손은, 소대 자손과 하소베렛
자손과 브루다 자손과 56 야알라 자손과 다르곤 자손과 깃델
자손과 57 스바댜 자손과 핫딜 자손과 보게렛하스바임 자손과
아미 자손이다.
58 ○ 이상 성전 막일꾼과 솔로몬을 섬기던 종의 자손은 모두
삼백구십이 명이다.
59 ○ 이 밖에 델멜라와 델하르사와 그룹과 앗단과 임멜 등 여
러 곳에서 사람들이 왔지만, 가문이 밝혀지지 않아서, 그들이
이스라엘 자손인지 아닌지는 알 길이 없다.

노래하는 사람, 성전 문지기, 성전 막일꾼, 솔로몬을 섬기던 종들의 자손 등에 해당하는 사람들이 있습니다. 도대체 이들은 어떤 사람들인가요? 예루살렘 성전에서 일하는 사람에는 제사장과 레위 사람들, 노래하는 사람, 문지기, 성전 막일꾼이 있습니다(라 7:24). 이 가운데 '성전 막일꾼'이라 불린 이들은 성전에서 제사장과 레위인의 일을 돕기 위해 다윗 시대 이래 성전에 주어진 이들이었습니다(라 8:20). 본문 58절에서는 성전 막일꾼과 솔로몬을 섬기던 종의 자손을 같이 셈합니다. 이로 보건대 솔로몬을 섬기던 종의 자손 역시 성전에서 이런저런 일을 수행하는 집단이었으리라 여겨집니다. 성전에서 일하는 이들의 명단 역시 하나님을 예배하는 공동체로서 이스라엘의 정체성이 이어지고 있음을 증언합니다.

60 ㅇ 그들은, 들라야 자손과 도비야 자손과 느고다 자손인데,
모두 육백오십이 명이다.
61 ㅇ 제사장의 자손 가운데는, 호바야 자손과 학고스 자손과
바르실래 자손도 있는데, 이들 가운데서 바르실래는, 길르앗
지방 사람인 바르실래 집안으로 장가를 들어서, 장인의 이름
을 이어받은 사람이다. 62 족보를 뒤져보았지만, 그들은 그 조
상이 확인되지 않았다. 그래서, 제사장 직분을 맡기에는 적합
하지 않다고 생각하여 그 직분을 맡지 못하게 하였다. 63 유다
총독은 그들에게, 우림과 둠밈을 가지고 판결을 내릴 제사장
이 나타날 때까지는, 가장 거룩한 음식은 먹지 말라고 명령하
였다.
64 ㅇ 돌아온 회중의 수는 모두 사만 이천삼백육십 명이다.
65 그들이 부리던 남녀종이 칠천삼백삼십칠 명이고, 그 밖에
노래하는 남녀가 이백 명이다. 66 또 말이 칠백삼십육 마리요,
노새가 이백사십오 마리요, 67 낙타가 사백삼십오 마리요, 나
귀가 육천칠백이십 마리이다.
68 ㅇ 가문의 우두머리 가운데는, 예루살렘에 있는 주님의 성
전 터에 이르러서, 하나님의 성전을 옛터에 다시 세우는 일을

제사장이 나타날 때까지 가장 거룩한 음식은 먹지 말라고 했는데(63절), 그 음식은 무엇을 말하나요? 이걸 금지한 이유는 무엇인가요? 이스라엘이 하나님께 드린 제사는 주로 가축과 곡식으로 이루어집니다(레 1-7장). 제사에 바친 제물은 하나님께 드려진 것이기에 "지극히 거룩하다"고 선언되며 그렇기에 제사장만이 그것을 먹을 수 있습니다(레 6:16-17, 25-26, 29; 7:6). 그런데 만약 어떤 이들이 족보가 불확실해서 제사장 직분을 이어갈 수 있는지 모호하다면 거룩한 음식을 함부로 먹을 것이 아니라 확실하게 판단될 때까지 기다려야 할 것입니다. '우림과 둠밈'은 대제사장이 하나님의 뜻을 묻기 위해 사용하는 물건으로 대제사장이 간직합니다.

도우려고, 자원예물을 바치는 이들도 있었다. 69 저마다 힘 자
라는 대로 건축 기금을 마련하니, 금이 육만 천 다릭, 은이 오
천 마네, 제사장의 예복이 백 벌이나 되었다.
70 ○ 제사장과 레위 사람과 백성 가운데서, 일부는 (예루살렘
과 그 부근 마을에 자리를 잡고,) 노래하는 이들과 문지기들과
성전 막일꾼들은 그들의 고향 마을에 자리를 잡았다. 나머지
이스라엘 사람들은 저마다 고향에 자리를 잡았다.

그래서 '우림과 둠밈을 가지고 판결을 내릴 제사장'은 대제사장을 가리킵니다. 결국 이 구절은 대제사장이 하나님의 뜻을 물어 판결할 때까지 기다려야 함을 말합니다. 이 본문은 돌아온 이들이 하나님 앞에 조심스럽고 신중하게 행하고 있음을 강조해 보여줍니다.

{ 제3장 }

예배를 다시 드리기 시작하다

1 이스라엘 자손은 여러 마을에 흩어져서 자리를 잡은 지 일곱
째 달이 되었을 때에, 일제히 예루살렘으로 모였다. 2 요사닥
의 아들 예수아와 그의 동료 제사장들과 스알디엘의 아들 스
룹바벨과 그의 동료들이 모여서, 하나님의 사람 모세의 율법
에 규정된 대로 번제를 드릴 수 있도록, 이스라엘의 하나님의
제단을 쌓았다. 3 그들은, 그 땅에 사는 백성들이 두렵기는 하
지만, 제단이 서 있던 옛터에 제단을 세우고, 거기에서 아침저
녁으로 주님께 번제를 드렸다. 4 초막절이 되니, 기록된 대로
그 절기를 지켰다. 그들은 또한 규례를 따라서, 날마다 정해진
횟수대로 번제를 드렸다. 5 그런 다음부터, 그들은 늘 드리는
번제 외에도, 초하루 제사 때와, 거룩하게 지켜야 하는 주님의
모든 절기를 맞이할 때와, 주님께 자원예물을 바칠 때마다 번
제를 드렸다. 6 주님의 성전 기초는 아직 놓지 않았지만, 그들

번제는 무엇이며, 이렇게 번제를 지속적으로 드리는 이유는 무엇인가요? 번제는 고대 이스라엘이 하나님께 드리던 다섯 가지 제사 가운데 하나이며, 자세한 내용은 구약성경 레위기 1장과 6장 8-13절에서 볼 수 있습니다. 소나 양과 같은 가축 중에서 하나님께 예물로 드리는데, 드려진 가축은 죽이고 전부를 잘게 쪼개 제단에 올려놓고 전부를 불태웁니다. 전부를 불태운다는 점에서, 이는 하나님을 향한 완전한 헌신을 상징합니다. 개인이 드리는 번제 외에 성전 제사장은 매일 아침과 저녁에 번제를 드려야 했는데, 이를 '날마다 바치는 번제'라 불렀습니다(민 28:3-8). 이렇게 매일 아침저녁으로 드리는 번제를 에스라기 3장 5절에서는 '늘 드리는 번제'로 옮겼습니다. 백성 전체를 대신해서 "하나님께 우리 전부를 드립니다"를 상징하는 것, 이것이 아침과 저녁에 늘 드리는 번제의 의미였을 것입니다.

은 일곱째 달 초하루부터 주님께 번제를 드리기 시작하였다.
7 백성은, 석수와 목수에게는 삯을 주어서 일을 시키고, 시돈
사람과 두로 사람에게는 먹을 것과 마실 것과 기름을 주어서,
페르시아 왕 고레스가 그들에게 허락한 대로, 레바논에서 백
향목을 베어 바닷길로 욥바까지 띄워 보내게 하였다.

성전을 다시 짓기 시작하다

8 ○ 백성이 하나님의 성전 터가 있는 예루살렘으로 돌아온 지
이태째가 되는 해 둘째 달에, 스알디엘의 아들 스룹바벨과 요
사닥의 아들 예수아와, 그들의 나머지 동료 제사장과 레위 사
람과, 사로잡혀 갔다가 예루살렘으로 돌아온 모든 사람이 공
사를 시작하고, 스무 살이 넘은 레위 사람을 주님의 성전 건축
감독으로 세웠다. 9 예수아와 그의 아들들과 친족과, 호다위야
의 자손 갓미엘과 그의 아들들이, 한마음 한뜻으로 하나님의

성전의 기초를 놓을 때 백성들 사이에 환성과 통곡이 혼재합니다(13절). 일부 사람들은 왜 통곡했나요? 바빌로니아 포로 생활에서 돌아온 지 이태가 지나며 귀환 공동체는 하나님께 예배할 성전을 다시 짓기 시작했습니다. 그 옛날 솔로몬이 지은 성전이 있었지만 바빌로니아에게 멸망당하던 날 완전히 부서졌고, 이제 두 번째 성전을 짓기 시작한 것입니다. 귀환 공동체 가운데는 솔로몬 성전을 본 사람들이 있었으며, 그들이 크게 울었습니다. 기초가 놓이는 것을 보면 장차 완공될 건물이 어느 정도 규모일지 예상할 수 있었을 것이고, 이들은 새 성전이 솔로몬 성전에 비해 너무 작고 초라한 규모라는 점에서 통곡했을 것입니다(학 2:3). 하나님의 성전이 이렇게도 작은 규모로 지어진다는 점이 그들에게는 가슴 아픈 일이었던 것 같습니다. 그러나 본디 하나님의 성전 건물이 크다 하여 하나님께 더 영광이 되는 것이 아닙니다. 게다가 그렇게 크고 영화로웠던 솔로몬 성전이 있었음에도 불구하고 그들이 하나님을 떠나 거역했던 것을 돌아보면, 성전의 크기는 조금도 중요하지 않습니다.

성전 짓는 일을 감독하였다. 레위 사람 헤나닷의 아들과 손자
와 친족들도 그들과 함께 일을 하였다.
10 ○ 집 짓는 일꾼들이 주님의 성전 기초를 놓을 때에, 예복
을 입은 제사장들은 나팔을 들고, 레위 사람 가운데서 아삽 자
손들은 자바라를 들고, 이스라엘 왕 다윗이 지시한 대로, 저마
다 주님을 찬양하려고 자기의 자리에 섰다. 11 그들은 서로 화
답하면서 주님을 찬양하고, 감사의 찬송을 불렀다. "주님은 어
지시다." "언제나 한결같이 이스라엘을 사랑하신나." 주님의
성전 기초가 놓인 것을 본 온 백성도, 목청껏 소리를 높여서
주님을 찬양하였다. 12 그러나 첫 성전을 본 나이 많은 제사장
들과 레위 사람들과 가문의 우두머리들은, 성전 기초가 놓인
것을 보고, 크게 통곡하였다. 또 다른 쪽에서는, 많은 사람들
이 기뻐하며 즐거이 노래하였다. 13 환성과 통곡이 한데 뒤섞
여서, 소리가 너무나도 크고 시끄러웠다. 그 소리는 멀리서도
들을 수 있었으나, 어느 누구도 환성인지 통곡인지 구별할 수
없었다.

{ 제4장 }

사마리아 사람의 방해

1 유다와 베냐민의 대적은, 사로잡혀 갔다가 돌아온 사람들
이 주 이스라엘의 하나님의 성전을 짓고 있다는 말을 듣고서,
2 스룹바벨과 각 가문의 우두머리들에게 와서 말하였다. "앗
시리아 왕 에살핫돈이 우리를 여기로 데려왔을 때부터 이제까
지, 우리도 당신들과 마찬가지로 당신들의 하나님을 섬기며,
줄곧 제사를 드려왔으니, 우리도 당신들과 함께 성전을 짓도
록 하여주시오." 3 스룹바벨과 예수아와 그 밖에 이스라엘 각
가문의 우두머리들이 그들에게 대답하였다. "당신들과는 관
계가 없는 일이오. 주 우리의 하나님께 성전을 지어 드리는 것
은, 우리가 할 일이오. 페르시아 왕 고레스가 우리에게 명령한
대로, 주 이스라엘의 하나님의 성전을 짓는 것은, 오로지 우리
가 할 일이오." 4 이 말을 들은 그 땅 백성은 성전 짓는 일을 방

유다와 베냐민의 대적(1절)은 구체적으로 누구를 말하는 건가요? 2절에 따르면 앗시리아의 왕이 유다 땅 북쪽 지역에 옮겨놓은 이방 민족을 가리킵니다. 앗시리아는 정복한 여러 지역의 다양한 주민들을 다른 지역으로 이주시켜 전체를 강제로 통합하고자 했습니다. 그래서 앗시리아는 멸망시킨 북이스라엘 민족을 앗시리아 제국 곳곳에 이주시켰고, 제국 곳곳의 다른 피정복민을 이스라엘 땅으로 이주시켰습니다(왕하 17:6, 24). 그러다 보니 북이스라엘 지역에서는 이스라엘의 전통 신앙과 이주해온 이들이 원래 지닌 신앙이 뒤섞여버렸습니다(왕하 17:29–34). 사실상 이방인이라 할 수 있는 이들이 갑작스레 성전 건축을 돕겠다는 저의가 순수하지 않을 수도 있습니다. 무엇보다 근본적으로 성전 건축은 돌아온 이들이 오직 주 하나님을 올바르게 섬기며 살겠다는 결단과 믿음의 표시라는 점에서 규모가 작더라도 외부의 도움 없이 믿는 이들이 함께 지어가는 것이 타당할 겁니다.

해하여, 유다 백성의 사기를 떨어뜨렸다. 5 그들은 고문관들을
매수하면서까지 성전을 짓지 못하게 하였다. 이러한 방해는,
페르시아 왕 고레스가 다스리던 모든 기간뿐만 아니라, 페르
시아 왕 다리우스가 통치하던 때까지 이어졌다.
6 ○ 아하수에로가 왕위에 오르니, 대적들은 유다 주민과 예루
살렘 주민을 고발하는 글을 올렸다.
7 ○ 아닥사스다 때에도 비슬람과 미드르닷과 다브엘과 그 밖
의 동료 관리들이 페르시아의 아닥사스다 왕에게 글을 올렸
다. 그 편지는 아람 글로 적었고 번역이 되었다.
8 ○ 르훔 사령관과 심새 서기관은 예루살렘 주민을 고발하는
상소문을 아닥사스다 왕에게 썼다.
9 ○ 그때에 상소를 올린 사람은, 르훔 사령관과 심새 서기관
과 동료들과 그 밖에 디나 사람과 아바삿 사람과 다블래 사람
과 아바새 사람과 아렉 사람과 바빌로니아 사람과 수산 사람

처음에는 성전 건축(1-3절)이 문제인 것 같은데, 이후에 방해하는 세력이 보내는 고발과 상소문은 성읍과 성벽 건축을 문제시합니다(12-13, 16, 21절). 일이 어떻게 진행되고 있는 건가요? 처음에는 고레스와 다리우스의 이름이 언급되었는데(5절), 아하수에로(6절), 나아가 7-23절은 아닥사스다를 언급하며 그 시대의 일을 다룹니다. 서로 다른 시기의 자료가 성전 건축 이야기에 엉켜버렸다고 볼 수도 있지만, 에스라기 6장 14절은 이 책의 저자가 고레스-다리우스-아닥사스다로 전개되는 페르시아 역사를 알고 있음을 보여줍니다. 그래서 6절 이하 본문에서 성전 건축이 이루어진 다리우스 시기 이후인 아하수에로와 아닥사스다 시대를 다룬 것은 저자의 의도적 작업으로 볼 수 있습니다. 특히 아닥사스다 시대에는 유다인들이 예루살렘 성읍을 재건하고 성벽을 건축하는 일로 인해 주변 이방인들과 갈등이 컸습니다. 이런 내용을 느헤미야기가 잘 보여줍니다. 에스라기 저자는 성전 건축 시기 이방인들이 돕겠다는 요청을 거절한 것이 왜 타당한지를 보이기 위해, 그 이후에도 이들이 어떻게 유다인들을 괴롭히고 힘겹게 했는지를 연이어 서술했을 것입니다. 24절에 가서야 다시 성전 건축 당시로 돌아갑니다.

과 데해 사람과 엘람 사람과, 10 귀족 오스납발이 사마리아의
여러 성과 유프라테스강 서쪽 여러 지방에 이주시킨 민족들이
다. 11 다음은 이들이 보낸 상소문의 내용이다.
○ "유프라테스강 서쪽에 있는 신하들이 아닥사스다 임금님께
아룁니다. 12 임금님께서 다스리시는 여러 지방에 흩어져서
살던 유다 사람들이, 우리가 사는 예루살렘으로 와서 자리를
잡고, 범죄와 반역을 일삼던 악한 성읍 예루살렘을 지금 다시
세우고 있습니다. 기초를 다시 다지고, 성벽을 쌓아 올리고 있
습니다. 13 이 일을 임금님께 아룁니다. 성벽 쌓는 일이 끝나고
그 성읍이 재건되면, 그들은 세금과 조공과 관세를 바치지 아
니할 것이며, 틀림없이, 국고에 손해를 끼칠 것입니다. 14 나라
에서 녹을 타먹는 우리로서, 임금님께 불명예스러운 일이 미
칠 일을 그냥 보고만 있을 수 없어서, 이렇게 상소문을 올리어
서 임금님께 아룁니다. 15 조상이 남기신 기록들을 살펴보시
면, 임금님께서도 바로 이 성읍이 반역을 일삼던 곳이었음을
아시게 될 것입니다. 예로부터 이곳에서는 반란이 자주 일어
나서, 임금님들을 괴롭히고, 다른 여러 지방에까지 피해를 입

유다인들을 괴롭힌 이들은 예루살렘 성읍을 반역을 일삼던 곳으로 규정합니다. 근거가 있는 이야기인가요? 그렇게 규정할 근거는 뚜렷하지 않습니다. 남왕국 유다가 앗시리아에 끝까지 저항했고, 바빌론의 침략에도 쉽게 굴복하지 않았던 사례가 있습니다만, 고대 중동 지역의 다른 국가들에 비해 유별난 정도라고 보기는 어렵습니다. 오히려 이들의 주장은 동서고금을 막론하고 반대파를 공격하고 몰아내기 위해 상대를 역적 혹은 반역 세력이라 고발하는 전형적인 수법이라 볼 수 있습니다. 다리우스 왕 초기까지 페르시아는 광대한 제국을 완전히 장악하지 못했고 곳곳에서 반란이 이어졌기에, 지방에서 올라오는 이 같은 반역 운운에 예민할 수밖에 없었고, 말썽의 소지를 없애는 것이 그들로서는 최선의 결정이었을 것입니다.

혔습니다. 이 성읍을 없애버린 것은 바로 그러한 반역 때문입
니다. 16 이 성읍이 재건되고, 성벽 쌓는 일이 끝나면, 임금님
께서는, 유프라테스강 서쪽 지역을 잃게 되신다는 것을 아뢰
는 바입니다."
17 ○ 이에 대하여 왕이 내린 회신은 다음과 같다.
○ "르훔 사령관과 심새 서기관과 사마리아와 유프라테스강 서
쪽에 사는 경들의 동료들에게, 평안을 빌면서 이 조서를 내린
다. 18 경들이 우리에게 보낸 상소문은, 번역이 되어 내 앞에서
낭독되었다. 19 그것을 듣고서 조사해보니, 과연 그 성읍 사람
들은 예로부터 왕실의 권위에 반기를 들어왔으며, 그곳이 반란
을 일으키는 자들의 소굴이었음이 밝혀졌다. 20 한때는 강한
왕들이 그곳 예루살렘을 다스리면서, 유프라테스강 서쪽 지방
을 장악하고, 조공과 세금과 관세를 거두기도 하였음이 확인되
었다. 21 그러므로 경들은 그들에게 명령을 내려서, 일을 중단
시켜라. 다음에 내가 다시 명령을 내릴 때까지, 그들이 성읍을
재건하지 못하도록 하여라. 22 이 일에 착오가 없도록 유의하
여, 왕실이 화를 입거나 손해를 보는 일이 없도록 하여라."

다리우스 2년까지 성전 공사가 중단된 기간은 대략 어느 정도인가요? 주전 538년부터 유다인들이 페르시아 땅에서 유다로 귀환하기 시작했습니다. 귀환한 이듬해 성전 건축을 결정하고 시작했으나 곧바로 주변 이방인의 방해로 중단되고 말았습니다. 이것은 다리우스 2년까지 이어졌는데, 이 해는 주전 520년입니다. 결국 17-18년 동안 성전 재건 공사가 중단된 것입니다. 주변의 방해로 중단했을 때 일단 소나기는 피하자 생각했을 수 있습니다. 그러나 한 번 중단된 일, 그것도 페르시아 당국의 명령으로 중단된 일을 다시 시작하는 것이 그리 쉽지 않았을 겁니다. 당장 자신들이 먹고 살아가는 일 역시 그리 간단치 않았을 테고, 결국 성전 건축은 후순위로 밀리고 말았을 것입니다. 누군가 이제 다시 성전을 짓자 해도 다들 "때가 되지 않았다. 주님의 성전을 지을 때가 되지 않았다"(학 1:2)라고 말하곤 했습니다.

23 ○ 르훔과 심새 서기관과 동료 관리들은 아닥사스다 왕의
편지를 읽고, 곧 예루살렘으로 올라가서, 유다 사람들이 일을
하지 못하게 무력을 써서 막았다. 24 그래서 예루살렘에 있는
하나님의 성전 공사는 페르시아 왕 다리우스 이년에 이르기까
지 중단되었다.

{ 제5장 }

성전을 재건하다

1 그때에 학개 예언자와 잇도의 아들 스가랴 예언자가, 자기들
이 받들어 섬기는 이스라엘의 하나님의 이름으로, 유다와 예
루살렘에 사는 유다 사람들에게 예언을 하기 시작하였다. 2 같
은 때에, 스알디엘의 아들 스룹바벨과 요사닥의 아들 예수아
가, 예루살렘에 있는 하나님의 성전 건축 공사에 착수하였다.
하나님의 두 예언자도 그들을 도왔다.

4장에서 성전 공사가 중단되었다고 했는데, 5장은 성전 건축 공사의 시작을 알리고 있습니다. 공사가 재개된 건가요? 그렇습니다. 다리우스 2년에 학개와 스가랴, 두 예언자가 등장해서 하나님의 성전 건축을 재개할 것을 촉구했습니다. 그 내용을 학개서와 스가랴서에서 볼 수 있습니다. 하나님을 노엽게 했기에 하나님께서 주신 땅에서 쫓겨났는데, 이제 하나님의 도우심으로 그 땅에 돌아왔으면서 또다시 자신들의 삶이 분주하다는 이유로, 주변의 방해가 크다는 이유로 성전 건축을 미룬다면 그것은 역사로부터 아무것도 배우지 못한 셈이 되고 맙니다. 학개 예언자의 촉구가 백성들의 귀에 들렸고, 페르시아가 세운 총독인 스룹바벨과 대제사장 예수아가 앞장서서 20년 정도 중단되었던 공사를 다시 시작하게 했습니다.

3 ○ 바로 그때에 유프라테스강 서쪽 지방의 닷드내 총독이 스
달보스내와 동료 관리들을 데리고 그들에게 와서, 누가 그 성
전을 다시 지으라고 하였는지, 누가 성벽 공사를 마치라고 하
였는지를 물었다. 4 그들은 또한 성전 재건을 돕는 사람들의
이름도 밝히라고 요구하였다. 5 그러나 하나님이 유다의 원로
들을 돌보아주셨으므로, 아무도 그 일을 막을 수 없었다. 페르
시아 관리들은 이 일을 다리우스 왕에게 알리고, 회답을 기다
리는 수밖에 없었다.
6 ○ 유프라테스강 서쪽 지방의 닷드내 총독은, 스달보스내와
동료 관리들인 유프라테스강 서쪽 지방의 관리들과 함께, 다
리우스 왕에게 글을 올렸다. 7 그 글의 내용은 다음과 같다.
○ "다리우스 임금님께서 평안하시기를 빌며, 8 임금님께 아
룁니다. 저희가 유다 지역에 갔을 때에, 그곳 백성이 크신 하
나님을 모시려고 성전을 짓고 있는 것을 보았습니다. 그들은
큰 돌을 떠다가 성전을 지으며, 나무를 날라다가 벽을 쌓고 있
었습니다. 감독관들의 관리 아래, 공사는 빈틈없이 잘 진행되
어가고 있었습니다. 9 그래서 저희는 원로들에게, 누가 그 성

페르시아 관리들이 예루살렘에서 이루어지는 성전 건축에 대해 이렇게 따지고 드는 까닭은 무엇인가요? 다리우스 2년까지 페르시아는 계속 반란과 정변에 시달렸습니다. 그러다 보니 각 지방에서 발생하는 불안정한 상황은 언제나 제국의 초미의 관심사가 될 수밖에 없었습니다. 유다 지방은 페르시아 행정구역상 '강 서쪽'이라는 커다란 주에 속했습니다. 이 지역을 다스리는 총독은 자신의 관할에서 일어나는 동태 변화를 유심히 살펴야 했고, 그런 차원에서 유다 지역에서 일어나는 성전 재건 움직임도 주시했을 것입니다. 4장과 5장에는 당시에 오간 여러 서신을 소개하는데, 4장에는 성전 건축을 반대하는 세력에 의해 작성된 고발장이라는 점에서 악의적인 표현이 가득했지만, 5장에서 닷드내가 올린 서한은 비교적 객관적으로 유다의 상황을 진술했다고 볼 수 있습니다.

전을 다시 지으라고 하였는지, 누가 성벽 공사를 마치라고 하
였는지를 물었습니다. 10 또한 임금님께 공사 책임자들의 명단
을 만들어서 알려드리려고, 그들의 이름도 물었습니다. 11 그
들이 우리에게 한 대답은 다음과 같습니다.
○ '우리는 하늘과 땅의 주이신 하나님을 섬기는 사람입니다.
우리는 지금, 허물어진 성전을 다시 짓고 있습니다. 이 성전은
본래 옛날 이스라엘의 어떤 큰 왕이 짓기 시작하여 완공하였
던 것입니다. 12 그런데 우리의 조상이 하늘의 하나님을 노엽
게 하였으므로, 하나님이 우리의 조상을 갈대아 사람 바빌로
니아 왕 느부갓네살의 손에 넘기셨습니다. 그가 이 전을 허물
고, 백성을 바빌로니아로 사로잡아 갔습니다. 13 그러나 고레
스 왕께서 바빌로니아 왕이 된 그 첫해에, 하나님의 성전을 지
으라고 칙령을 내렸습니다. 14 그뿐만 아니라, 그는 느부갓네
살이 예루살렘 성전에서 꺼내어서 바빌론 신전으로 가지고 간
성전의 금그릇과 은그릇을 그 신전에서 꺼내어 돌려주기까지

시대적으로 볼 때 느부갓네살과 고레스 사이에는 어떤 역사가 있길래, 이스라엘에 대한 입장이 이렇게 판이하게 다른가요? 느부갓네살과 고레스 시대 예루살렘과 이스라엘에 대한 대응이 다른 근본적인 이유는 바빌로니아와 페르시아의 식민지 정책의 차이 때문입니다. 바빌로니아는 식민지 백성의 모든 보물을 수탈하고 식민지의 상류층 인사들을 강제로 바빌로니아 땅에 이주시켜 살게 하며 제국의 통합을 추구했습니다. 반면, 페르시아의 고레스는 이렇게 끌려온 이들이 원한다면 누구든 자신들의 원래 땅에 돌아가서 살 수 있도록 조치했습니다. 고레스의 관대함이라기보다는 광대한 제국을 원활하게 통치하고 제국의 이익과 안정을 꾀하기 위한 조치였을 것입니다. 고레스 이래 페르시아는 식민지의 종교를 결코 탄압하거나 억압하지 않았습니다. 이러한 경향은 이후 그리스-로마 시대까지 이어집니다. 그래서 페르시아가 지배하던 200여 년 동안 유다 지역은 대체로 유례없을 정도로 평화롭게 자신들의 신앙을 지키며 조용히 살아갈 수 있었습니다.

하였습니다. 그때에 고레스 왕께서는 세스바살을 총독으로 임
명하고, 그 그릇들을 주면서, 15 그에게 그것들을 모두 예루살
렘으로 가지고 가서 성전에 두라고 하셨습니다. 또 하나님의
성전을 제자리에 다시 세우라고 말씀하셨습니다. 16 바로 그
세스바살이 예루살렘으로 와서, 하나님의 성전 기초를 놓았습
니다. 그때부터 오늘까지 줄곧 일을 하였으나, 아직 다 마치지
못하였습니다.'
17 ○ 아뢰옵기 황송하오나, 임금님께서 바빌론의 왕실 문서
창고를 살펴보시고, 정말 고레스 왕께서 예루살렘에다가 하
나님의 성전을 다시 지으라고 칙령을 내리신 적이 있는지 알
아보시는 것이 좋겠습니다. 그런 다음에, 이 일을 어떻게 하면
좋을지를 결정하시고 일러주시기 바랍니다."

{ 제6장 }

고레스의 칙령이 발견되다

1 이에 다리우스 왕이 명령을 내려, 바빌론에서 옛 귀중본들을
두는 서고들을 조사하도록 하였다. 2 메대 지방 악메다 궁에서
두루마리가 하나 발견되었는데, 거기에는 다음과 같이 적혀
있다.
3 ○ "고레스 왕 일년에, 왕께서 예루살렘에 있는 성전에 관하
여 칙령을 내리시다.
○ 희생제사를 드리던 바로 그곳에 성전을 다시 세워라. 기초
를 튼튼히 다지고, 성전의 높이와 너비는 각각 육십 자가 되게
하고, 4 벽은 돌 세 겹에 나무 한 겹씩 쌓아라. 비용은 국고에
서 대주어라. 5 느부갓네살이 예루살렘에 있는 성전에서 꺼내
어서 바빌론으로 가지고 온 성전의 금그릇과 은그릇을 돌려보
내어, 예루살렘 성전으로 옮기게 하고, 성전 안 본래 있던 자
리에 두도록 하여라."

고레스 칙령에는 성전 건축을 보장하며 이스라엘 민족에게 꼭 필요한 내용들이 적시되어 있습니다. 이방의 왕이 굳이 이스라엘의 성전 규모까지 정해서 명령할 필요가 있었을까요? 고레스가 유다 성전 건축만을 허락한 것이 아닙니다. 그는 바빌로니아에 끌려왔던 여러 민족 모두에게 그들의 땅에서 그들의 신전을 짓도록 허락했습니다. 고레스의 관용은 단순히 성품의 너그러움이 아니라 제국의 안정을 위한 것이었습니다. 그래서 국고로 지원하기까지 합니다. 페르시아 재정을 지원해서 각 지역의 신전이 지어지기 때문에 신전의 규모에 대해 명시하는 것이 그리 이상한 일은 아닐 겁니다. 페르시아 시기 여러 피지배 민족의 종교를 페르시아가 후원한 다른 예들도 많이 볼 수 있다는 점 역시 고레스 시대 조서 내용이 비현실적인 것이 아님을 알려줍니다.

다리우스 왕의 명령

6 ○ 이제 유프라테스강 서쪽 지방의 닷드내 총독과 스달보스
내와 경의 동료 관리들과 유프라테스강 서쪽 지방에 있는 관
리들은, 건축 공사 지역에 접근하지 않도록 하여라. 7 성전 짓
는 일을 막지 말고, 유다의 총독과 원로들이 자기들의 성전을
옛터에 짓도록 그대로 두어라. 8 내가 이제 지시한다. 경들은
성전을 짓는 유다의 원로들을 도와라. 성전 공사에 드는 비용
은 국고에서 댈 터이니, 유프라테스강 서쪽 지방에서 거둔 세
금에서 그 비용을 어김없이 주어서, 일이 중단되지 않게 하여
라. 9 예루살렘의 제사장들이 하늘의 하나님께 번제를 드리는
데 필요하다고 하는 것들은 무엇이든지 내주어라. 수송아지든
지 숫양이든지 어린 양이든지, 또는 밀이든지 소금이든지 포
도주든지 기름이든지, 그들이 요구하는 대로 어김없이 날마
다 주도록 하여라. 10 그래서 그들이, 하늘의 하나님이 기뻐하
시는 희생제사를 드리게 하고, 왕과 왕자들이 잘 살 수 있도록

고레스의 칙령을 받드는 다리우스 왕의 명령 또한 매우 친유다적인 내용들로 가득 차 있습니다. 이들이 이스라엘에게 이렇게까지 호의적인 이유는 무엇인가요? 반란이 이어지던 시기에 고레스의 칙령에 담긴 정신을 계승하는 것은 후임자인 다리우스에게도 꼭 필요한 정책 방향이며 제국의 안정을 위한 조치일 것입니다. 다리우스의 조서는 예루살렘 성전 제사에 필요한 물자들까지 공급할 것을 명령하면서 예루살렘의 유다인 공동체에게 "왕과 왕자들이 잘 살 수 있도록 기도"할 것을 요구합니다(10절). 유다인들의 종교를 비롯해 피지배 민족의 종교를 탄압하면 오히려 거센 반항과 저항을 겪게 되지만, 이처럼 유다 종교를 페르시아 제국 종교의 틀 안으로 끌어들여 제국 왕실의 평안을 위해 기도하게 한다면 평화와 안정을 얻을 수 있습니다. 이것은 페르시아의 일관된 정책이기도 합니다. 그로 인해 유다 지역은 이후 주전 4세기 후반 페르시아가 멸망할 때까지 상당히 평화로운 시간을 누릴 수 있었습니다.

기도하게 하여라. 11 나는 또 다음과 같이 지시한다. 내가 내린
이 칙령을 고치는 자는, 그의 집에서 들보를 뽑아서 내다 세우
고, 거기에 그를 매달아라. 그 집은 이에 대한 벌로 거름 더미
를 만들어라. 12 어떤 왕이나 어떤 민족이 나의 칙령을 거역하
여, 이것을 고치거나 예루살렘 성전을 파괴하면, 거기에 이름
을 두신 하나님이 그들을 없애버릴 것이다. 이것은 나 다리우
스의 명령이니, 경들은 지체 없이 실시하여라.

성전 봉헌

13 ○ 그래서 유프라테스 서쪽 지방의 닷드내 총독과 스달보스
내와 동료 관리들은, 다리우스 왕이 내린 조서에 지시된 대로,
신속하게 처리하였다. 14 학개 예언자와 잇도의 아들 스가랴가
성전 공사를 격려하였다. 유다의 원로들은 계속하여 성전을 지
었고, 공사는 순조롭게 진행되었다. 그들은 이스라엘의 하나님
의 명과 페르시아 왕 고레스와 다리우스와 아닥사스다의 칙령
을 따라서, 성전 짓는 일을 끝낼 수 있었다. 15 성전 건축이 끝

마침내 성전 봉헌식이 대대적으로 이루어집니다. 감격은 간결하게 기술된 반면, 제사의 형식은 중시된 분위기입니다. 그 이유가 궁금합니다. 두 번째 성전은 다리우스 6년에 완공되었으니 서기로 주전 516년입니다. 주전 587년 예루살렘 성전이 바빌로니아에게 무너진 이후 70년 만에 성전이 다시 지어진 것입니다. 성전이 없다는 것은 성전에 거하시는 주 하나님께 제사할 수 없다는 의미이니, 성전 회복의 가장 큰 기쁨과 감격의 표현은 마땅히 모든 백성이 함께 성전에 나와 주 하나님께 바치는 제사일 것입니다. 성전 건물 자체의 회복도 큰 기쁨이지만, 성전 건물의 핵심은 그곳에 임재하시는 하나님, 그리고 그 하나님께 드리는 제사입니다. 하나님의 명령을 어겨 나라가 망하고 포로살이까지 했으나, 이제 그들은 다시 회복된 성전에서 제사하면서 하나님과 함께 살아갈 것입니다.

난 것은 다리우스 왕 육년 아달월 삼일이다. 16 그때에 제사장
들과 레위 사람들과 사로잡혀 갔다가 돌아온 사람들과 모든 이
스라엘 백성은, 기뻐하면서 하나님의 성전 봉헌식을 올렸다.
17 하나님께 이 성전을 바치면서, 그들은 수소 백 마리와 숫양
이백 마리와 어린 양 사백 마리를 바치고, 온 이스라엘을 위한
속죄제물로는, 이스라엘 지파의 수대로 숫염소 열두 마리를 바
쳤다. 18 그렇게 한 다음에, 그들은 갈래별로 제사장을 세우고,
무리별로 레위 사람을 세워서, 모세의 책에 기록된 내로, 예루
살렘에서 하나님을 섬기는 일을 맡아보게 하였다.

유월절

19 ○ 사로잡혀 갔다가 돌아온 이들은 첫째 달 십사일에 유월
절을 지켰다. 20 제사장들과 레위 사람들은 일제히 몸을 씻고
서 정결예식을 치렀다. 그런 다음에, 레위 사람들은, 돌아온
이들 모두와 동료 제사장들과 자기들이 먹을 유월절 양을 잡
았다. 21 잡혀갔다가 돌아온 이스라엘 자손들이 그것을 먹었
다. 그 땅에 살던 이방 사람들에게서 부정을 탔다가 그 부정을

유월절과 무교절은 어떤 절기인가요? 성전은 아달월에 완공되었습니다. 아달월은 바빌론 달력으로, 유다인의 종교력에서는 한 해의 마지막 달에 해당합니다. 아달월 다음이 바빌론 달력으로 니산월이며, 유다 종교력으로는 첫 번째 달입니다. 첫 번째 달 14일 저녁이 유월절이고, 다음 날부터 무교절이 시작됩니다. 유월절과 무교절은 모두 이집트에서 노예살이를 하던 이스라엘이 하나님의 크신 은혜로 이집트를 떠나게 된 것을 기념하는 절기입니다. 하나님께서 이집트의 모든 처음 난 생명을 죽이실 때, 문설주에 양의 피를 바른 이스라엘 백성은 보호하셨습니다. 유월절은 이렇게 하나님께서 그들을 구원하신 것을 두고두고 기념하는 절기입니다. 유월절 다음 날

떨어버리고, 주 이스라엘의 하나님을 찾아온 이들도, 그들과
함께 유월절 양고기를 먹었다. 22 그들은 이레 동안 무교절을
즐겁게 지켰다. 주님께서 앗시리아 왕의 마음을 돌이켜서, 그
들에게 호의를 베풀도록 하셨으므로, 그들은 힘을 얻었다. 그
들은, 주 이스라엘의 하나님이신 하나님의 성전을 다시 지을
수 있었으므로, 한없이 기뻤다.

부터 이어지는 무교절은 일주일간 누룩을 넣지 않은 빵, 즉 무교병을 먹으며 지키는 절기입니다. 누룩을 넣지 않은 빵은 이집트에서의 힘겹고 괴로웠던 시절을 회고하는 빵이자, 주 하나님의 명을 따라 급히 이집트를 떠나야 했기에 누룩을 넣고 발효시킬 시간조차 없었던 급박한 순간을 기념하는 의미입니다. 이제 바빌론에서 돌아와 새 성전을 지은 그들 역시 해방과 구원을 기뻐하며 유월절과 무교절을 지킵니다.

{ 제7장 }

에스라가 예루살렘에 도착하다

1 이런 일들이 지나가고 난 다음이다. 페르시아의 아닥사스다
왕이 다스리던 때에, 에스라라는 사람이 있었다. 그의 아버지는
스라야이고, 할아버지는 아사랴이며, 그 윗대는 힐기야요, 2 그
윗대는 살룸이요, 그 윗대는 사독이요, 그 윗대는 아히둡이요,
3 그 윗대는 아마랴요, 그 윗대는 아사랴요, 그 윗대는 므라욧
이요, 4 그 윗대는 스라히야요, 그 윗대는 웃시엘이요, 그 윗대
는 북기요, 5 그 윗대는 아비수아요, 그 윗대는 비느하스요, 그
윗대는 엘르아살이요, 그 윗대는 대제사장 아론이다. 6 바로 그
에스라가 바빌로니아에서 돌아왔다. 그는 주 이스라엘의 하나
님이 주신 모세의 율법에 능통한 학자이다. 주 하나님이 그를
잘 보살피셨으므로, 왕은 에스라가 요청하는 것은 무엇이나 다
주었다. 7 아닥사스다 왕 칠년에, 일부 이스라엘 자손들과 몇몇

7장 처음에 있는 "이런 일들이 지나가고 난 다음"이라는 표현이 특이해 보입니다. 어떤 의도가 있는 건가요? 6장의 성전 완공은 주전 516년의 사건입니다. 7장 사건은 아닥사스다 시대를 배경으로 하는데, 7절은 에스라의 귀국 연대를 아닥사스다 7년, 즉 주전 457년으로 소개합니다. 그렇다면 6장과 7장 사이에는 물경 60년 가까운 간격이 있습니다. 그래서 7장 첫머리의 "이런 일들이 지나가고 난 다음"이라는 표현은 객관적인 시간을 말하는 것이 아니라, 주관적이며 '신학적'인 판단에서 비롯된 것임을 알 수 있습니다. 에스라기의 저자는 성전 완공과 에스라의 귀국과 개혁을 일련의 이어지는 사건으로 보도록 이와 같은 표현을 사용한 것입니다. 이를 통해 저자는 성전이 있다고 하여 회복이 완성되는 것이 아니고, 성전을 세우면 모든 문제가 다 해결되는 것도 아님을 보여줍니다. 7장 이후에서 보듯 하나님의 율법에 따른 회개야말로 성전 건축의 실질적인 알맹이입니다.

제사장들과 레위 사람들과 노래하는 사람들과 성전 문지기들
과 성전 막일꾼들이 예루살렘으로 올라올 때에, 8 에스라도 그
들과 함께 올라왔다. 그가 예루살렘에 닿은 것은, 왕이 다스린
지 칠 년이 된 해의 다섯째 달이다. 9 그가 바빌로니아를 떠난
것은 첫째 달 초하루이다. 하나님이 그를 잘 보살펴주셔서, 다
섯째 달 초하루에 예루살렘에 닿을 수 있었다. 10 에스라는 주
님의 율법을 깊이 연구하고 지켰으며, 또한 이스라엘 사람들에
게 율례와 규례를 가르치는 일에 헌신하였다.

아닥사스다 왕이 칙령을 내리다

11 ○ 에스라는 제사장이면서 학자이며, 이스라엘이 받은 주님
의 계명과 율례를 많이 배운 사람이었다. 다음은 아닥사스다
왕이 에스라에게 보낸 칙령을 옮겨 적은 것이다.
12 ○ "왕 중의 왕 아닥사스다는 하늘의 하나님의 율법에 통달
한 학자 에스라 제사장에게 칙령을 내린다.

에스라를 소개하는 첫머리에 족보가 나옵니다. 가문은 그만큼 중요했나요? 바빌론에 의해 남왕국이 망하고 포로로 끌려가기도 하고 죽기도 하면서, 이전과는 현격한 단절이 생겼습니다. 특히 포로로 끌려갔던 이들은 이방 땅에서 짧지 않은 시간을 보내야 했습니다. 2장의 귀환자 명단에 족보를 파악하기 어려운 사람들이 있다는 언급에서 볼 수 있듯이(라 2:59, 62), 족보는 포로에서 돌아온 귀환자들이 이전 이스라엘을 잇는 정통성 있는 이들임을 알려주는 것입니다. 집안을 따지고 양반 상놈을 따지는 것이 목적이 아니라, 돌아온 이스라엘이 이전에 하나님의 약속을 받은 아브라함의 자손을 잇고 있음을 확인하고 증언하는 것이 목적입니다. 그래서 하나님의 약속은 깨지지 않았고 지금 그들을 통해 이어질 것임을 선언하는 것입니다. 초라한 현재로 규정하는 것이 아니라, 하나님의 약속이 있는 영광스러운 이들이라는 정체성을 든든히 하는 것이 성경에 나오는 족보의 의미입니다.

13 ○ 나의 지시는 다음과 같다. 내가 다스리는 나라에 사는 이
스라엘 사람 가운데서, 그대와 함께 예루살렘으로 가고자 하
는 사람은, 제사장이든지 레위 사람이든지, 누구든지 가도 좋
다. 14 나와 나의 일곱 보좌관이 그대를 보내는 것이니, 그대
가 잘 아는 하나님의 율법에 따라서, 유다와 예루살렘이 어떠
한지를 살펴보아라. 15 그뿐 아니라, 그대는, 나와 나의 보좌
관들이 예루살렘에 계시는 이스라엘의 하나님께 기쁜 마음으
로 드리는 은과 금을 가지고 가거라. 16 또한 바빌로니아의 모
든 지방에서 그대가 얻을 은과 금도 가지고 가고, 백성과 제사
장들이 예루살렘에 있는 하나님의 성전에 바치는 자원예물도
가지고 가거라.

17 ○ 그 돈으로는 반드시 수송아지와 숫양과 어린 양을 사고,
거기에 곁들여 곡식제물과 부어 드리는 제물도 사서, 그것들
을 예루살렘에 있는, 그대가 섬기는 하나님의 성전의 제단 위
에 함께 제물로 드려라. 18 그 나머지 은과 금은 그대가 섬기

에스라를 제사장이며 학자라고 말합니다. 그의 위치는 유다 사회에서 어떤 영향력을 가졌다고 볼 수 있나요? 에스라의 족보는 에스라를 아론으로부터 이어져온 유다 대제사장 가문의 한 사람으로 세웁니다. 이 같은 족보는 에스라가 주 하나님을 올바르게 섬기는 정통성 있는 사람임을 보여줍니다. 포로기 이후 유다는 더 이상 정치적인 실체가 아니라, 주 하나님 신앙을 중심으로 한 신앙 공동체입니다. 이 공동체의 실질적인 리더십은 대제사장입니다. 그래서 에스라를 아론의 족보를 잇는 제사장으로 소개하는 것은 그가 유다 백성을 이끌 지도자임을 알려줍니다. 아울러 그는 학자라고 소개되는데, 그때마다 하나님의 율법을 잘 아는 사람이라는 표현이 잇따릅니다(6, 11, 12, 21절). 이를 통해 그가 온 유다 백성에게 하나님의 율법을 가르치기에 충분히 적합한 사람임을 알려줍니다. 그래서 '제사장이며 학자'라는 표현은 에스라가 페르시아의 유력한 지위였다는 것보다는 유다 공동체의 지도자로서 주 하나님의 율법을 가르칠 합당한 사람임을 알리는 데 목적이 있다고 할 수 있습니다.

는 하나님의 뜻에 따라서, 그대와 그대의 동료 유다 사람들이
가장 좋다고 생각하는 일에 쓰도록 하고, 19 그대에게 맡긴 모
든 그릇은 예루살렘의 하나님께 바치되, 그대가 섬기는 하나
님의 성전에서 예배를 드릴 때에 쓰도록 하여라. 20 그 밖에
그대가 섬기는 하나님의 성전에서 써야 할 것이 더 있으면, 국
고에서 공급받도록 하여라.

21 ○ 이제 나 아닥사스다 왕은 유프라테스강 서쪽 지방의 모
든 국고 출납관들에게 명령한다. 하늘의 하나님의 율법에 통
달한 학자 에스라 제사장이 너희에게 요청하는 것은 무엇이든
지 어김없이 그에게 주도록 하여라. 22 은은 백 달란트까지,
밀은 백 고르까지, 포도주는 백 밧까지, 기름은 백 밧까지 주
고, 소금은 제한 없이 주도록 하여라. 23 하늘의 하나님의 성
전에 관하여 하늘의 하나님이 규정하신 것은, 하나도 어기지
말고 그대로 지켜라. 나와 내 자손이 다스릴 나라에 하나님의
분노가 내리도록 그대로 둘 수는 없기 때문이다. 24 그대들은
또한 제사장들이나 레위 사람들이나 노래하는 사람들이나 성

칙령 내용을 보면 에스라에 대한 아닥사스다 왕의 총애가 아주 대단해 보입니다. 그 신임은 어디에서 비롯된 것인가요? 앞에서도 이야기했지만, 피지배 민족의 상황이 안정되지 않으면 페르시아 제국 전체의 안정도 어렵습니다. 그리고 그 광대한 페르시아 곳곳에서 소수 민족의 안정에 종교가 차지하는 비중은 고대일수록 상당히 컸을 것이며, 유다인들의 경우 더욱 그러했습니다. 페르시아 이래 그리스-로마에 이르기까지 유다인들의 종교를 무척이나 존중한 것도 그 때문입니다. 이런 현실에서 에스라와 같은 이들의 역할은 페르시아 당국을 위해서도 정말 중요했을 겁니다. 에스라를 제국이 보호하고 지지하고 옹호할 때 에스라가 가르치는 하나님의 율법은 사실상 제국의 안정을 위한 법으로도 기능할 테니까요. 에스라에게 사법적 권한까지 부여한 것(26절)은 하나님의 율법을 제국의 종교 안으로 통합시키려는 페르시아의 노력이라 볼 수 있습니다.

전 문지기들이나 성전 막일꾼들이나 성전에서 일하는 다른 일
꾼들에게, 조공이나 세금이나 관세를 물려서는 안 된다. 25 또
그대 에스라는, 그대가 섬기는 하나님이 그대에게 주신 지혜
를 따라, 그대가 섬기는 하나님의 율법을 잘 아는 사람들 가운
데서 법관들과 판사들을 뽑아 세워, 유프라테스강 서쪽에 있
는 모든 백성의 재판을 맡아보게 하여라. 율법을 잘 알지 못하
는 사람들은 그대들이 가르쳐라. 26 하나님의 율법과 왕의 명
령대로 따르지 아니하는 자는, 반드시 죽이거나 귀양을 보내
거나 재산을 빼앗거나 옥에 가두거나 하여, 엄하게 다스려라."

에스라가 하나님을 찬양하다

27 ○ 주 우리 조상의 하나님을 찬양하여라. 하나님은 왕에게
예루살렘에 있는 주님의 성전을 영화롭게 하려는 마음을 주
셨다. 28 나에게 자비를 베푸셔서, 내가, 왕과 보좌관들과 권
세 있는 고관들에게 총애를 받게 하여주셨다. 주 나의 하나님

에스라는 하나님이 왕에게 주님의 성전을 영화롭게 하는 마음을 주셨고, 자신에게는 자비를 베푸셔서 총애를 받게 해준다고 말합니다(27-28절). 하나님은 인간의 마음까지 관할하는 신인가요? 페르시아는 제국의 이익을 위해 행동하지만, 유다 민족과 에스라, 에스라기의 저자는 이 모든 진행을 그들의 조상의 주 하나님께서 행하신 일로 고백하며 찬송합니다. 에스라기와 포로기 이후 이들의 신앙의 특별함은 대단한 기적을 행하는가 여부로 드러나지 않습니다. 식민지로 전락한 현실을 절망과 자괴로 대응하지 않고, 하나님께서 여전히 그들과 함께하시되 열강 임금의 마음까지도 주장하시는 분으로 해석하며 대응했다는 데 있습니다. 이후로도 내내 제국의 체제 내에서 존재해야 했던지라, 제국 권력과의 관계는 유다 신앙 공동체의 존망이 달린 문제였습니다. 주 하나님께서 제국의 임금까지도 주장하심을 믿었기 때문에 이들은 한편으로 권력을 존중하되, 그들의 신앙을 단호하면서도 신실하게 고수했습니다.

이 이처럼 나를 돌보아주시므로, 나는 힘을 얻어서, 이스라엘
백성 가운데서 지도자들을 불러 모아, 함께 예루살렘으로 올
라올 수 있었다.

{ 제8장 }

에스라와 함께 돌아온 백성들

1 아닥사스다 왕이 다스릴 때에, 나와 함께 바빌로니아를 떠나
서 이리로 올라온 각 가문의 우두머리와 그들의 계보는 다음
과 같다.
2 ○ 비느하스 자손 가운데서는 게르솜이요, 이다말 자손 가운
데서는 다니엘이요, 다윗 자손 가운데서는 스가냐의 아들 핫
두스요, 3 바로스 자손 가운데서는 스가랴 및 그와 함께 등록
된 남자 백오십 명이요, 4 바핫모압 자손 가운데서는 스라히

에스라기는 바빌로니아를 함께 떠나온 각 가문의 우두머리와 그 계보를 말합니다. 비슷한 이야기가 성경에 종종 나오는데, 이렇게 가계별로 나누고 사람 수를 세는 일은 중요했나요? 앞에서도 다루었지만, 이끄는 중심인물과 참여한 이들의 숫자에 대한 언급은 포로에서 귀환한 공동체가 특정한 몇몇 사람이 아니라 많은 사람의 참여로 이루어졌음을 보여줍니다. 하나님의 규례를 어겼기에 재앙이 임했고, 이제 다시 하나님의 은혜로 시작하기에 그들은 조심스럽게 모든 백성의 마음과 뜻을 모아 일을 진행합니다. 8장 2절이 제사장과 다윗 자손을, 3-14절은 에스라와 함께 귀국한 일반 백성을 설명하는데, 에스라와 함께 귀국한 공동체가 모두 열두 가족입니다. 열둘이라는 숫자는 8장에서 여러 번 반복됩니다(24, 35절). 열둘이 이스라엘 열두 지파와 연관되어 있음을 생각할 때, 열두 가족의 귀환은 마치 새로운 출애굽이 시작되는 것 같은, 이상적인 이스라엘이 시작되는 것 같은 인상을 줍니다.

야의 아들 엘여호에내 및 그와 함께 등록된 남자 이백 명이요,
5 삿두 자손 가운데서는 야하시엘의 아들 스가냐와 그와 함께
등록된 남자 삼백 명이요, 6 아딘 자손 가운데서는 요나단의
아들 에벳 및 그와 함께 등록된 남자 오십 명이요, 7 엘람 자손
가운데서는 아달리야의 아들 여사야 및 그와 함께 등록된 남
자 칠십 명이요, 8 스바댜 자손 가운데서는 미가엘의 아들 스
바댜 및 그와 함께 등록된 남자 팔십 명이요, 9 요압 자손 가운
데서는 여히엘의 아들 오바댜 및 그와 함께 등록된 남자 이백
십팔 명이요, 10 바니 자손 가운데서는 요시뱌의 아들 슬로못
및 그와 함께 등록된 남자 백육십 명이요, 11 베배 자손 가운데
서는 베배의 아들 스가랴 및 그와 함께 등록된 남자 이십팔 명
이요, 12 아스갓 자손 가운데서는 학가단의 아들 요하난 및 그
와 함께 등록된 남자 백십 명이요, 13 아도니감 자손 가운데서
는 남은 아들들 곧 엘리벨렛과 여우엘과 스마야 및 이들과 함
께 등록된 남자 육십 명이요, 14 비그왜 자손 가운데서는 우대
와 사붓 및 이들과 함께 등록된 남자 칠십 명이다.

에스라가 레위 사람을 찾은 이유는 무엇인가요? 그 옛날 모세와 함께 이집트를 떠났던 이스라엘 역시 누가 출애굽에 참여했는지 지파별로 인구를 셉니다(민 1-2장). 이집트를 떠날 때 모든 참여자의 수를 셀뿐 아니라 레위인의 수도 세었고, 레위인에게는 성막과 관련된 물품을 맡도록 임무가 주어집니다(민 3-4장). 에스라 일행이 레위인을 찾은 것도 고대의 본을 따르기 위한 것이라 볼 수 있습니다. 레위인을 구한 다음, 에스라 일행은 그들에게 성전에 바칠 물건을 맡기는데(라 8:24-30), 이 역시 출애굽 때 일어난 일과 대응됩니다. 앞 질문에서도 다루었지만, 에스라기는 이러한 대응을 통해 그들의 귀환이 출애굽 같은 새로운 역사의 시작이며 하나님의 율법과 일치되게 진행되고 있음을 알리고자 했습니다.

에스라가 레위 사람을 찾다

15 ○ 나는 사람들을 아하와강 가에 불러 모으고, 거기에다가
장막을 치고 사흘 동안 묵으면서, 그곳에 모인 사람들을 살펴
보았다. 백성과 제사장 가운데 레위 사람은 하나도 없었다.
16 그래서 나는 지도급 인사인 엘리에셀과 아리엘과 스마야와
엘라단과 야립과 엘라단과 나단과 스가랴와 므술람과, 학자인
요야립과 엘라단을 불러서, 17 가시뱌 지방의 지도자 잇도에게
보냈다. 나는 그들에게, 잇도와 가시뱌 지방에 사는 성전 막일
꾼인 그의 친족들에게 부탁하여, 우리 하나님의 성전에서 일
할 일꾼들을 데려오라고 하였다. 18 하나님이 우리를 잘 보살
펴주셔서, 갔던 이들이 사람들을 데려왔다. 그들이 데려온 사
람들은 레위의 아들이며 이스라엘의 손자인 마흘리 자손으로
서, 아주 유능한 인재인 세레뱌와 그의 아들 및 친족 열여덟
명과, 19 하사뱌와 므라리 자손 가운데서 여사야와 그의 형제
들 및 그들의 아들들 스무 명이다. 20 이 밖에도, 성전 막일꾼

왕이 보장해준 귀환의 길이었는데도 안전은 중대한 문제였나 봅니다. 금식기도를 할 만큼 절박했나요? 25–27절을 보면 에스라 일행은 상당한 양의 금과 은을 예루살렘으로 가져갑니다. 오늘날에도 은행에서 적지 않은 현금을 인출하면 왠지 불안해지는 것처럼, 에스라 일행 역시 두려웠을 겁니다. 그리고 바빌론 땅에서 예루살렘까지는 정말 먼 길이었기에, 기나긴 여정 가운데 강도떼를 만나거나 국지적인 전쟁에 휘말릴 가능성도 있었을 것입니다. 그래서 페르시아 당국에 군대를 동원해 보호해줄 것을 요청할 수도 있었는데(실제로 느헤미야는 그렇게 합니다. 느 2:9), 이들은 하나님께서 지키신다는 것을 믿는다면서 군대의 보호를 요청할 수는 없다고 판단해서 그야말로 군대 없이 자신들의 걸음으로만 가기로 했으니 더욱 두려웠을 겁니다. 이러한 상황에서의 금식과 기도는 이 모든 일이 자신들의 힘이 아니라 오직 하나님의 은혜와 돌보심으로 가능함을 고백하며 선포하는 것이었습니다.

이백이십 명을 데려왔는데, 이들은 다윗과 그의 관리들이 레위 사람을 도우라고 임명한 성전 막일꾼이다. 이들이 모두 등록을 하였다.

에스라가 금식하며 기도하다

21 ○ 그곳 아하와강 가에서 나는 모두에게 금식하라고 선언하
였다. 우리는 하나님 앞에서, 우리와 우리 자식들 모두가 재산
을 가지고 안전하게 돌아갈 수 있도록, 하나님이 보살펴주시
기를 엎드려서 빌었다. 22 왕에게는 우리가 이미, 하나님을 찾
는 사람은 하나님이 잘되도록 보살펴주시지만, 하나님을 저버
리는 자는 하나님의 큰 노여움을 피하지 못한다고 말한 바가
있어서, 우리가, 돌아가는 길에 원수들을 만나게 될지도 모르
니, 보병과 기병을 내어달라는 말은 부끄러워서 차마 할 수 없
었다. 23 그래서 우리는 금식하면서, 안전하게 귀국할 수 있도
록 보살펴주시기를 하나님께 간절히 기도드렸으며, 하나님은
우리의 기도를 들어주셨다.

제사장들 중에 지도급 인사를 뽑아서 맡길 만큼 하나님의 성전을 짓는 데 금과 은과 그릇이 그렇게 중요한가요? 물질이 중요하게 다루어지는 이유가 있나요? 25절과 36절에서 아직 하나님의 성전이 지어지지 않았다는 인상을 주지만, 에스라가 귀국하는 시기인 아닥사스다 왕 7년(주전 457년)보다 60여 년 전인 주전 516년에 두 번째 성전은 이미 완공되었습니다. 지금 에스라 일행이 모은 은과 금은 페르시아 왕실이 성전에서 이스라엘의 하나님께 드리라고 준 금과 은을 비롯한 귀중품, 그리고 여전히 페르시아 땅에 머물러 사는 유다인들이 하나님의 성전에 바쳐달라고 기부한 은과 금입니다. 에스라 일행은 예루살렘 성전에 바칠 기부금 혹은 후원금을 받아서 가져가는 셈입니다. 성전에 바쳐질 것이기에 아무나 운반하지 않고 민수기와 같은 하나님의 율법에서 규정하는 대로 레위인을 따로 세워 그들이 운반하도록 했습니다.

성전에 바친 예물

24 ○ 그때에 나는 제사장들 가운데서 지도급에 속하는 사
람 열둘, 곧 세레뱌와 하사뱌와 그들의 형제 열 명을 뽑아 세
우고, 25 금과 은과 그릇들을 달아서 그들에게 맡겼다. 그것
은, 왕과 보좌관들과 관리들과 거기에 있는 모든 이스라엘 사
람이, 주 우리 하나님의 성전을 짓는 데에 쓰라고 예물로 바친
것이다. 26 내가 그들에게 달아준 것은, 은이 육백오십 달란트
요, 은그릇이 백 달란트요, 금이 백 달란트요, 27 전체의 무게
가 천 다릭 나가는 금그릇이 스무 개요, 귀한 금처럼 번쩍거리
는 놋그릇이 두 개였다.
28 ○ 나는 그들에게 일렀다. "여러분은 주님께 속한 거룩한
사람들입니다. 이 그릇들도 주님께 속한 거룩한 기물입니다.
이 은과 금은, 사람들이 여러분의 조상이 섬긴 주 하나님께 바
친 자원예물입니다. 29 여러분은 이것들을 예루살렘에 있는
주님의 성전 창고로 가져가십시오. 거기에서 이것들을, 제사장
대표들과 레위 사람들과 이스라엘 각 가문의 족장들 앞에서 달

귀환의 출발점인 아하와강은 어느 강인가요? 도착하고 나서 사흘 동안 쉬어야 할 만큼 예루살렘까지는 먼 길이었나요? 8장에는 아하와강, 가시뱌 지방 같은 특정한 지명이 나타나지만, 오늘날에는 정확한 그 위치를 전혀 확인할 수 없습니다. 유프라테스강 유역에 무수한 관개시설이 있었고 운하가 사방으로 뻗어 있었기에, 아하와강 역시 유프라테스강에 연결된 운하나 지류 가운데 하나였을 것이라 추측됩니다. 아하와강을 출발해서 예루살렘에 이르기까지 꽉 찬 넉 달이 걸렸다는 것을 보면(라 7:9), 대략 1,400–1,500km를 여행했으리라 여겨집니다. 무척 긴 여행이었고, 쉬는 기간이 필요했을 겁니다. 여기서 사흘을 쉬는 것은 충분한 휴식이면서 하나의 일을 끝내고 새로 무엇인가를 시작하려고 할 때 자주 쓰이는 기간이기도 합니다(가령, 수 3:1–2; 느 2:11).

아서 넘겨줄 때까지, 삼가 잘 보살피도록 하십시오." 30 그래
서 제사장들과 레위 사람들은, 예루살렘에 있는 하나님의 성전
으로 가져가려고 달아놓은 은과 금과 그릇들을 넘겨받았다.

에스라가 예루살렘으로 돌아오다

31 ○ 첫째 달 십이일에 우리는 아하와강을 떠나서, 예루살렘
으로 가려고 길을 나섰다. 가는 길에 매복한 자들의 습격을 받
기도 하였지만, 하나님이 우리를 잘 보살펴주셔서 그들의 손
에서 벗어날 수 있었다. 32 예루살렘에 이르러서, 사흘 동안은
쉬었다. 33 나흘째 되는 날에, 우리는 하나님의 성전에서 은과
금과 그릇들을 달아서, 우리야의 아들 므레못 제사장에게 넘
겨주었다. 그 자리에는 비느하스의 아들 엘르아살과 레위 사
람 예수아의 아들 요사밧과 빈누이의 아들 노아댜가 함께 있
다가, 34 하나하나 개수와 무게를 확인하고, 그 자리에서 전체
의 무게를 적었다.
35 ○ 사로잡혀 갔던 사람들의 자손, 곧 이방 땅에서 돌아온

번제를 위해 무려 가축 197마리가 동원됩니다(35절). 왜 이렇게 많은 가축들이 필요한 건가요? 에스라와 함께 귀환한 이들은 바빌론 땅에 사는 동안 제사를 전혀 드릴 수 없었습니다. 그곳에는 성전이 없었기 때문입니다. 이들에게 포로 시절과 예루살렘 귀환의 근본적인 차이는 성전의 존재일 것입니다. 그래서 성전이 있는 예루살렘으로 돌아왔을 때 가장 먼저 성전에 찾아가 준비해온 기부금을 바치고 다음으로 제사를 드렸습니다. 긴 여행길 동안 하나님께서 무사히 지켜주신 것에 대한 감사, 마침내 조상들의 땅에 다시 돌아와 하나님을 예배하는 동포들과 함께 살아갈 수 있게 되었다는 기쁨, 하나님을 향한 헌신 등 이 모든 것들이 이 풍성한 제사의 동기였을 것입니다. 이때 바친 제물의 숫자에 12가 여러 번 있는 것도 '온 이스라엘'을 반영하기 위해서일 것입니다(수송아지 12마리, 숫양 96[12x8]마리, 숫염소 12마리).

사람들은, 그렇게 하고 나서야, 비로소 이스라엘의 하나님께
번제를 드렸다. 온 이스라엘을 위하여, 수송아지 열두 마리와
숫양 아흔여섯 마리와 어린 양 일흔일곱 마리를 바치고 속죄
제물로는 숫염소 열두 마리를 바쳤는데, 이것을 모두 주님께
번제로 드렸다. 36 또한 그들은 왕의 칙령을 왕의 대신들과 유
프라테스강 서쪽 지방의 총독들에게 보냈다. 명령을 받은 관
리들은, 돌아온 사람들이 하나님의 성전을 다시 지을 수 있도
록 도왔다.

{ 제9장 }

에스라의 회개 기도

1 이러한 일들을 마친 다음에, 지도자들이 나에게 와서 말하였
다. "이스라엘 백성은, 제사장이나 레위 사람들마저도, 이방
백성과 관계를 끊지 않고, 가나안 사람과 헷 사람과 브리스 사
람과 여부스 사람과 암몬 사람과 모압 사람과 이집트 사람과
아모리 사람이 하는 역겨운 일을 따라서 합니다. 2 이방 사람
의 딸을 아내로 또는 며느리로 맞아들였으므로, 주변의 여러
족속의 피가 거룩한 핏줄에 섞여갑니다. 지도자와 관리라는
자들이 오히려 이러한 일에 앞장을 섭니다."
3 ○ 이 말을 들은 나는, 너무나 기가 막혀서, 겉옷과 속옷을
찢고, 머리카락과 수염을 뜯으면서 주저앉았다. 4 그러나 이
스라엘의 하나님이 하시는 말씀을 두려워하는 사람들도 있었
다. 내가 저녁 제사 때까지 넋을 잃고 앉아 있는 동안에, 그들

성전 건축 후 갑자기 회개 분위기입니다. 과정이 이렇게 전개되는 데는 어떤 의미가 있나요? 10장 9절을 보면 이 상황이 아홉째 달 말에 일어났다고 합니다. 에스라 일행은 다섯째 달 초하루에 예루살렘에 도착했으니(라 7:9), 넉 달 정도의 시간이 지났습니다. 아마도 에스라는 이 기간 동안 귀환 공동체를 살폈을 것이며, 9-10장이 다루는 이방 결혼의 현실을 발견했을 겁니다. 에스라기는 8장 다음에 곧바로 9장을 배열해 분위기를 급작스럽게 전환하면서, 귀환의 근본적인 의미가 무엇인지 돌아볼 것을 제언합니다. 만일 하나님의 말씀대로 살아가는 순종이 없다면 조상들의 땅에 돌아온다 한들 그것은 아무런 소망도 기쁨도 되지 못할 것입니다. 이러한 배열을 통해 그저 귀환을 기뻐하고 그저 성전과 조상의 땅에 살 수 있게 되었음을 즐거워할 것이 아니라, 존재의 근본적인 이유가 무엇인지 돌아볼 것을 강력하게 촉구한다고 볼 수 있습니다.

은 포로로 잡혀갔다가 되돌아온 백성이 저지른, 이렇게 큰 배
신을 보고서, 나에게로 모여들었다.
5 ○ 나는 슬픔을 가누지 못한 채로 앉아 있다가, 저녁 제사 때
가 되었을 때에 일어나서, 찢어진 겉옷과 속옷을 몸에 그대로
걸치고, 무릎을 꿇고, 두 팔을 들고서, 주 나의 하나님께 6 기
도를 드렸다.
○ "하나님, 너무나도 부끄럽고 낯이 뜨거워서, 하나님 앞에
서 차마 얼굴을 들 수 없습니다. 우리가 지은 죄는, 우리 스
스로가 감당할 수 없을 만큼 불어났고, 우리가 저지른 잘못은
하늘에까지 닿았습니다. 7 조상 때로부터 오늘에 이르기까
지, 우리가 저지른 잘못이 너무나도 큽니다. 우리가 지은 죄
때문에, 우리뿐만 아니라 우리의 왕들과 제사장들까지도, 여
러 나라 왕들의 칼에 맞아 죽거나 사로잡혀 가고, 재산도 다
빼앗기고, 온갖 수모를 겪었습니다. 이런 일은 오늘에 와서도
마찬가지입니다. 8 그러나 주 우리 하나님께서는, 비록 잠깐
이기는 하지만, 우리에게 자비를 베푸시어, 우리 가운데서 얼

살다 보면 이방 사람들과 결혼도 할 수 있지 않나요? 에스라는 왜 이렇게 참담한 반응을 보이는 건가요? 당연히 모든 이방 결혼이 문제가 되지는 않습니다. 요셉과 모세 역시 이방 여인과 결혼했고, 에스더는 심지어 이방의 왕과 결혼했습니다. 1절은 이방 사람들이 저지르는 "역겨운 일을 따라서 한다"고 표현합니다. 11절에서도 이방 백성이 저지른 '역겨운 일'을 언급합니다. 그러므로 이방 사람과의 결혼은 단지 다른 민족과 결혼해서 문제가 아닙니다. 진짜 문제는 이스라엘의 하나님을 버리고 못된 행실, 땅을 더럽히는 나쁜 짓을 따라 한다는 점입니다. 멸망 이전 이스라엘은 그렇게 다른 신을 섬기며 못된 짓을 일삼다가 결국 망하고 말았으니, 이제라도 같은 잘못을 반복해서는 안 될 것입니다. 그런데 하나님의 은혜로 돌아왔으면서 다시 이방 사람과 결혼 관계를 맺고 있으니 에스라에게는 이것이 참담한 현실로 여겨졌을 것입니다.

마쯤을 살아남게 하셨습니다. 또한 주님께서 거룩하게 여기
시는 곳에, 우리가 살아갈 든든한 터전을 마련하여주셨습니
다. 하나님께서는, 우리 눈에서 생기가 돌게 하시고, 잠시나
마 종살이에서 벗어나게 하여주셨습니다. 9 우리가 종살이를
하였지만, 하나님께서는 우리를 언제까지나 종살이를 하도록
내버려두지 않으시고, 오히려 페르시아의 왕들에게 사랑을
받게 하여주시고, 또 우리에게 용기를 주셔서, 하나님의 성전
을 다시 짓고, 무너진 곳을 다시 쌓아 올리게 하시어, 유다와
예루살렘에서 우리가 이처럼 보호를 받으면서 살아갈 수 있
게 하셨습니다. 10 우리의 하나님, 주님께서 이렇게까지 하여
주시는데, 주님의 계명을 저버렸으니, 이제 우리가 무슨 말씀
을 드릴 수 있겠습니까? 11 주님께서는 일찍이, 주님의 종 예
언자들을 시키셔서, 우리가 들어가서 차지할 땅은, 이방 백성
이 살면서 더럽힌 땅이라고 말씀하셨습니다. 거기에서 사는
자들이 역겨운 일을 하여서, 땅의 구석구석까지 더러워지지
않은 곳이 없다고 하셨습니다. 12 우리의 딸을 그들의 아들
에게 시집보내지도 말고, 그들의 딸을 며느리로 맞아들이지
도 말라고 하셨습니다. 우리가 강해져서, 그 땅에서 나는 좋

이방 사람들이 하는 '역겨운' 일이란 무엇을 말하나요? 구약성경에서 이방 사람과의 결혼을 금지하는 본문으로는 출애굽기 34장 11–16절, 신명기 7장 1–4절을 들 수 있습니다. 이러한 본문에서는 이방 사람과 결혼하면 그들의 신을 따르게 될 것이라고 경고합니다. 이방 사람은 그들 민족의 신을 섬기지만, 이스라엘은 세상에서 주 하나님을 섬기도록 선택받은 백성입니다. 그런 이스라엘이 다른 신을 섬긴다면 하나님께서 베푸신 은혜를 저버리는 '역겨운 일'이 될 것입니다. 주 하나님만을 섬긴다는 것은 그분이 명령하신 계명과 가르침을 따라 살아가는 것을 의미합니다. 그러나 이스라엘은 더 강한 나라의 신을 섬기기도 하고, 더 잘산다 싶은 나라의 신을 섬

은 것을 먹으며, 그 땅을 우리 자손에게 영원한 유산으로 물
려주려면, 그 땅에 있는 백성이 번영하거나 성공할 틈을 조금
도 주지 말아야 한다고 하셨습니다. 13 우리가 당한 일은 모
두 우리가 지은 죄와 우리가 저지른 크나큰 잘못 때문입니다.
그렇지만 주 우리의 하나님은, 우리가 지은 죄에 비하여 가벼
운 벌을 내리셔서, 우리 백성을 이만큼이나마 살아남게 하셨
습니다. 14 그러므로 다시는 주님의 계명을 어기지 않아야 하
였습니다. 역겨운 일을 저지르는 이방 백성들과 결혼도 하지
않아야 하였습니다. 이제 주님께서 분노하셔서, 한 명도 남기
지 않고 없애버리신다고 해도, 드릴 말씀이 없습니다. 15 그
렇지만, 주 이스라엘의 하나님, 주님은 너그러우셔서 우리를
이렇게 살아남게 하셨습니다. 진정, 우리는 우리의 허물을 주
님께 자백합니다. 우리 가운데서, 어느 누구도 감히 주님 앞
에 나설 수 없습니다."

기기도 했습니다. 결국 이스라엘에게 다른 신 쫓아가기는 탐욕에서 비롯되었다고 할 수 있습니다. 욕심을 채울 수 있다면 무슨 일이든 한다는 점에서, 성경은 자주 이런 행실을 '음란'이라 표현하기도 합니다.

{ 제10장 }

이방인 아내와 자녀를 내쫓다

1 에스라가 하나님의 성전 앞에 엎드려 울면서 기도하며 죄
를 자백하자, 이스라엘 사람도 남자, 여자, 어린아이 할 것 없
이, 많은 무리가 에스라 주변에 모여서, 큰 소리로 슬피 울었
다. 2 그때에 엘람의 자손 여히엘의 아들 스가냐가 에스라에
게 말하였다. "우리가 주변에 있는 이 땅의 백성에게서 이방
여자를 데려와서 아내로 삼음으로써, 하나님께 죄를 지었지
만, 아직도 이스라엘에 희망은 있습니다. 3 이제 우리는 하나
님의 명령을 두려워하면서 받드는 분들의 권면과, 에스라 제
사장님의 가르침을 따라서, 이방 여자들과 그들에게서 난 아
이들을 다 보낼 것을 하나님 앞에서 언약하겠습니다. 율법대
로 하겠습니다. 4 그러므로 이제 일어나십시오. 이 모든 일은

"아직도 이스라엘에 희망은 있습니다"(2절)라고 말합니다. 무엇에서 희망의 여지를 찾은 건가요? 9장은 에스라가 일인칭으로 등장해 벌어진 현실을 애통해하며 죄악을 고백하는 기도라면, 10장은 에스라가 삼인칭으로 언급되고 에스라 외에 다른 사람이 여럿 등장합니다. 하나의 사태에 대해 에스라의 시각과 다른 사람의 시각을 함께 드러내면서, 공동체가 이 일을 어떻게 다루는지 보여줍니다. 여히엘의 아들 스가냐는 공동체가 저지른 죄악을 인정하면서도 아직 희망이 있다고 말합니다. 왜냐하면 잘못을 깨달았기 때문입니다. 사실 하나님의 백성이라 해서 죄를 전혀 안 저지르는 이들일 수는 없습니다. 문제는 범죄한 이후라도 자신이 죄 지었음을 깨닫는가, 그리고 그렇게 깨달은 후에 인정하고 뉘우치는가, 아니면 남들도 다를 바 없으니 이 정도가 뭐 그리 잘못이냐고 합리화하는가입니다. 진정한 신앙인의 태도는 죄를 안 짓는 것이 아니라, 죄를 지었더라도 인정하고 돌이키는 것입니다. 그럴 때 하나님의 용서와 회복이라는 희망이 있습니다.

제사장님이 맡아서 하셔야 합니다. 우리가 제사장님을 도와
드리겠습니다. 용기 있게 밀고 나가십시오."
5 ○ 이 말을 듣고, 에스라가 일어나서, 지도급 제사장들과
레위 사람들과 온 이스라엘 사람에게 그들이 말한 대로 하겠
다고 맹세하라고 요구하니, 그들은 그대로 맹세하였다. 6 에
스라는 하나님의 성전 앞에서 물러나와, 엘리아십의 아들 여
호하난의 방으로 들어가서, 포로로 잡혀갔다가 돌아온 백성
이 지은 죄 때문에, 밤이 새도록 밥도 먹지 않고, 물도 마시지
않으며, 슬피 울었다.
7 ○ 잡혀갔다가 돌아온 백성은 모두 예루살렘으로 모이라는
명령이 예루살렘과 온 유다 땅에 내렸다. 8 사흘 안에 오지 않
는 사람은, 지도자들과 원로들의 결정에 따라 재산을 빼앗고,
잡혀갔다가 돌아온 백성의 모임에서 내쫓는다고 하니, 9 사
흘 안에 유다와 베냐민 사람들이 모두 예루살렘에 모였다. 그
때가 아홉째 달 이십일이다. 온 백성이 하나님의 성전 앞뜰에
모여 앉아서 떨고 있었다. 사태가 이러한 터에, 큰비까지 내
리고 있었기 때문이다. 10 드디어, 에스라 제사장이 나서서,

에스라는 이방 여자들과 결혼한 사람들에 대해 매우 단호한 입장을 취하고, 온 백성은 순순히 그 의견을 받아들입니다. 신앙은 가정을 지키는 것보다 더 중요한가요?

하나님을 거역했기에 결국 나라가 망해 이방 민족의 포로가 되기까지 했고, 이제 돌아와서 다시 하나님의 율법에 따라 살고자 하는 것이 귀환 공동체의 중심 가치입니다. 이방 여인이라서 문제가 아니라, 다시 이전처럼 하나님의 율법을 가벼이 여기며 살아가는 삶으로 무너질 가능성이 다분했기에 에스라와 같은 강경한 대응이 있었을 것입니다. 그러나 신약성경의 바울은 가정을 지키는 것도 매우 강조합니다(고전 7:12-17). 그래서 에스라기의 대응을 오늘 우리 현실에 무차별적으로 적용할 수는 없습니다. 포용이 꼭 필요하지만, 우리가 어떤 사람인지 정체성이 분명하지 않은 포용은 포용이 아니라 그저 다른 문화에 흡수되는 결과를 초래할 것입니다.

그들에게 말하였다. "여러분은 이방 여자들과 결혼하였으므
로, 배신자가 되었습니다. 그것 때문에, 이스라엘의 죄가 더
욱 커졌습니다. 11 이제 주 여러분의 조상의 하나님께 죄를
자백하고, 그의 뜻을 따르십시오. 이 땅에 있는 이방 백성과
관계를 끊고, 여러분이 데리고 사는 이방인 아내들과도 인연
을 끊어야 합니다."
12 ○ 온 회중이 큰 목소리로 대답하였다. "옳으신 말씀입니
다. 우리는 반드시 말씀하신 내로 하겠습니다. 13 그렇지만
여기에 모인 사람들의 수가 많고, 때가 장마철이므로, 이렇게
바깥에 서 있기가 어렵습니다. 더구나 이 일은 우리의 잘못이
너무나 커서, 하루 이틀에 처리될 문제가 아닙니다. 14 그러
므로 대표를 뽑아서, 모든 회중의 일을 맡기는 것이 좋겠습니
다. 마을마다 이방 여자와 결혼한 사람들에게는 날짜를 정하
여주어서, 그들이 자기 마을의 원로들과 재판장들과 함께 나
오게 하고, 이 일 때문에 일어난 우리 하나님의 진노를 풀어
드리는 것이 좋겠습니다." 15 오직, 아사헬의 아들 요나단과
디과의 아들 야스야만 이 의견에 반대하였으며, 므술람과 레
위 사람 삽브대가 그들에게 동조하였을 뿐이다. 16 포로로 사

몇몇 사람은 반대했고, 백성들은 많은 쪽의 의견을 따르겠다는 이야기가 나옵니다 (15-16절). 무엇에 대한 반대를 말하는 건가요? 12절을 보면 '온 회중'이 에스라의 권고에 찬성했습니다. 그렇다면 15절에서 반대편에 선 네 사람은 이방 결혼을 바로 잡는 것에 반대하거나 그냥 이대로 살자는 의미의 반대라기보다는, 13-14절에 제시된 구체적 해결 방안에 대한 반대라고 볼 수 있습니다. 그래서 이들은 13-14절보다 좀 더 과격하고 철저하며 신속하게 개혁을 단행하자고 주장한 이들일 수도 있습니다. 그에 대해 공동체는 다수의 의견을 따라 각 가문의 대표로 이루어진 위원회를 구성해 현황을 조사했습니다. 에스라가 귀환 공동체의 대표이나 모든 일을 주도

로잡혀 갔다가 돌아온 백성들은, 많은 쪽의 의견을 따르기로
하였다. 에스라 제사장은 각 가문의 갈래마다 한 사람씩을 우
두머리로 뽑아서, 그들에게 책임을 맡겼다. 이방 여자와 결혼
한 사람들에 대한 조사는, 열째 달 초하루에 시작하여, 17 이
듬해 첫째 달 초하루에 끝났다.

이방 여자와 결혼한 남자들

18 ○ 제사장의 무리 가운데서 이방 여자와 결혼한 사람들은
다음과 같다. 요사닥의 아들 예수아 및 그 형제들의 자손 가운
데서는 마아세야와 엘리에셀과 야립과 그달리야이다. 19 그
들은 모두 손을 들어서, 아내를 내보내겠다고 서약하고, 지은
죄가 있으므로, 각자 숫양 한 마리씩을 잡아서 속죄제물로 바
쳤다. 20 임멜의 자손 가운데서는 하나니와 스바댜요, 21 하
림의 자손 가운데서는 마아세야와 엘리야와 스마야와 여히엘
과 웃시야요, 22 바스훌의 자손 가운데서는 엘료에내와 마아
세야와 이스마엘과 느다넬과 요사밧과 엘라사요, 23 레위 사
람들 가운데서는 요사밧과 시므이와 글리다라고도 하는 글라

하는 것이 아니라, 스가랴의 제안(2–4절), 지도자와 원로들의 전체 소집(7–9절), 회중 전체의 응답(12–14절), 위원회의 활동(16절)을 통해 이 모든 일이 진행됩니다. 귀환 공동체는 카리스마를 가진 한 사람에 의해 좌우되는 것이 아니라 그야말로 전체 공동체가 참여한 놀랍도록 민주적인 공동체였습니다! 1절은 '어린아이'도 포함시킵니다. 심지어 오늘날의 교회조차 이렇게 민주적으로 운영되지 않는 것을 생각하면 정말 놀랍습니다.

야와 브다히야와 유다와 엘리에셀이요, 24 노래하는 사람들
가운데서는 엘리아십이요, 성전 문지기들 가운데서는 살룸
과 델렘과 우리요, 25 이스라엘 일반인으로서, 바로스의 자
손 가운데서는 라먀와 잇시야와 말기야와 미야민과 엘르아
살과 말기야와 브나야요, 26 엘람의 자손 가운데서는 맛다니
야와 스가랴와 여히엘과 압디와 여레못과 엘리야요, 27 삿두
의 자손 가운데서는 엘료에내와 엘리아십과 맛다니야와 여
레못과 사밧과 아시사요, 28 베배의 자손 가운데서는 여호하
난과 하나냐와 삽배와 아들래요, 29 바니의 자손 가운데서는
므술람과 말룩과 아다야와 야숩과 스알과 여레못이요, 30 바
핫모압의 자손 가운데서는 앗나와 글랄과 브나야와 마아세야
와 맛다니야와 브살렐과 빈누이와 므낫세요, 31 하림의 자손
가운데서는 엘리에셀과 잇시야와 말기야와 스마야와 시므온
과 32 베냐민과 말룩과 스마랴요, 33 하숨의 자손 가운데서
는 맛드내와 맛닷다와 사밧과 엘리벨렛과 여레매와 므낫세와
시므이요, 34 바니의 자손 가운데서는 마아대와 아므람과 우

이방 여자들과 결혼한 사람들의 명단이 열거됩니다. 왜 굳이 이렇게 기록으로 남겨두었을까요? 에스라기에 실린 여러 명단을 볼 때(2장, 8:1-14), 이 책이 이러한 명단을 보존하는 것을 매우 중요하게 생각했음을 짐작할 수 있습니다. 10장에 실린 명단은 누가 공동체에서 잘못을 저지른 사람인가를 알린다는 점에서 수치스러울 수 있는 명단입니다. 그럼에도 에스라기는 이를 감추지 않습니다. 다시는 죄를 짓지 않아서 신앙 공동체가 아니라, 죄를 정직하게 인정하고 뉘우치는 이들이 신앙 공동체임을 생각하게 됩니다. 잘못을 저지른 이들의 목록을 보면 대제사장 가문(18절), 다른 제사장 가문(20-22절), 레위 사람과 노래하는 자와 성전 문지기(23-24절), 그리고 일반 이스라엘 가문(25-43절) 순서로 다루어집니다. 지도층이라 할 수 있는 이들의 명단이 첫머리에 실려 있어서 그들의 책임이 훨씬 더 크다는 점을 보여줍니다.

엘과 35 브나야와 베드야와 글루히와 36 와냐와 므레못과 에
랴십과 37 맛다니야와 맛드내와 야아수와 38 바니와 빈누이
와 시므이와 39 셀레먀와 나단과 아다야와 40 막나드배와 사
새와 사래와 41 아사렐과 셀레먀와 스마랴와 42 살룸과 아마
랴와 요셉이요, 43 느보의 자손 가운데서는 여이엘과 맛디디
야와 사밧과 스비내와 잇도와 요엘과 브나야이다. 44 이들은
모두 이방 여자와 결혼한 남자이다. 이방 여자 가운데는 자
식을 낳은 사람들도 있었다.

에스라기의 마무리는 다소 미완의 느낌이 듭니다. 아내와 자녀를 정리한 이후나 돌아온 사람들의 이야기는 어떻게 되었나요? 에스라의 활동은 느헤미야기 8장에서, 이방 결혼 문제는 느헤미야기 13장 23-28절에서 다시 볼 수 있습니다. 에스라기 마지막은 벌어진 일을 묘사하되 최종 판단을 명확하게 내리지는 않는데, 결국 그에 대한 판단을 독자와 청중에게 맡긴다고 할 수 있습니다. 구약성경에는 이방 여인임에도 하나님을 경외하며 신실한 모습으로 살아간 룻과 같은 여성 이야기도 포함되어 있습니다. 그렇다면 에스라기의 이방 결혼에 대한 강경한 태도는 당연히 그 시대의 특정한 상황과 결부된 것으로 봐야 할 것입니다. 에스라기를 보며 "신앙을 갖지 않은 이와의 결혼은 무조건 잘못이야" 이렇게 판단할 수는 없을 것입니다. 이제 에스라기 마지막을 읽으며 우리라면 어떻게 할 것인지 함께 생각을 나누고 논의하는 과정이 꼭 필요합니다.

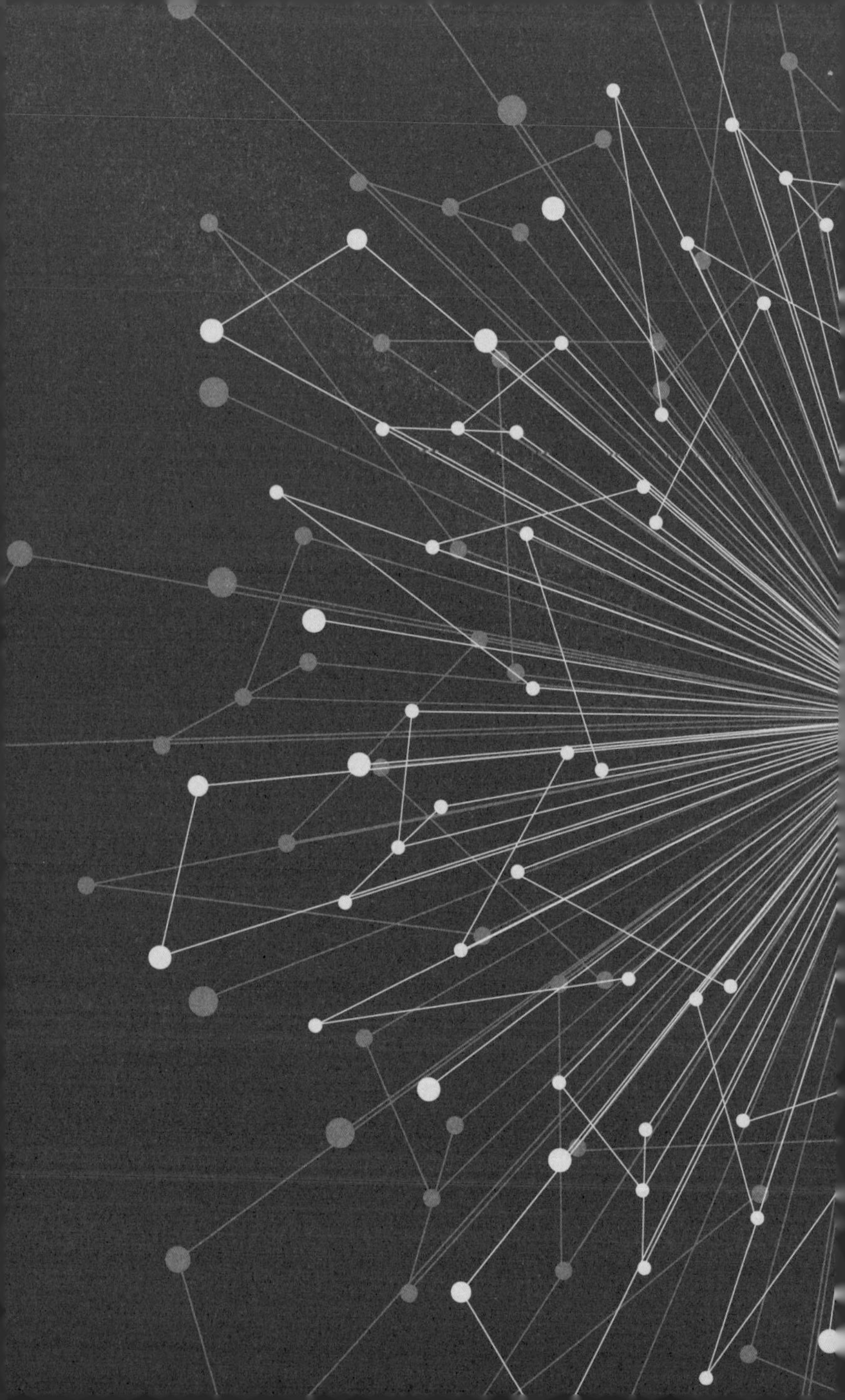

느헤미야기

Nehemiah

성벽 재건부터
율법에 따른 개혁까지
다시 세우는 신앙 공동체

느헤미야와 공동체는 좁은 의미의 폐쇄적이며
배타적인 종교 공동체가 아니라, 율법에 따라 살겠다는
결단에서 비롯되었음을 보여주는 여러 개혁 조치를 단행합니다.
거기에는 공동체 내부의 빈부격차 문제에 대한 근본적이고 철저한 개혁,
과거 역사를 하나님께 거역한 역사로 고백하는
비판적 반성과 공동체의 집단적 회개, 안식일과 안식년, 십일조와 같은
규례를 철저히 지키겠다는 결단과 언약이 포함됩니다.
이러한 맥락에서 느헤미야기에서도 에스라기처럼
이방 결혼 문제를 전면에 다루기도 합니다. 이로 보건대
이방 결혼 문제의 쟁점은 유다인이냐 아니냐가 아니라,
하나님의 율법대로 살아가느냐 그렇지 않느냐에 있다고 할 수 있습니다.

에스라기 머리글에서 언급했듯이, 느헤미야기는 에스라기와 연결됩니다. 에스라기는 예루살렘 성전 재건에서 시작해 하나님의 율법에 따른 공동체의 회개에 초점이 있었고, 이제 느헤미야기는 예루살렘을 둘러싸는 성벽 재건을 중심으로 전개됩니다.

1-7장은 성벽 재건의 시작과 과정, 완공에 이르는 내용을 다룹니다. 8-10장은 에스라의 율법 선포와 더불어 시작된 귀환 공동체의 율법 준수와 개혁을 다룹니다. 11장부터 12장 43절까지는 세워진 성벽을 중심으로 공동체를 재배치하고 성벽 봉헌식을 거행하는 내용이 다루어집니다. 마지막 12장 44절부터 13장은 느헤미야가 중심이 되어 예루살렘 공동체의 일상을 율법에 따라 개혁하는 내용을 다룹니다. 에스라기의 짜임새도 그러했지만, 느헤미야기 역시 공동체의 외적 틀인 성벽 재건(느 1-7장), 공동체 재조직(느 11:1-12:43), 내적 틀인 율법에 따른 개혁(느 8-10장; 12:44-13:31)이 번갈아 배열되어 있습니다.

에스라와 구별되는 느헤미야의 핵심 임무

에스라는 아닥사스다 왕 7년에 유다 땅으로 돌아왔고(라 7:7-8), 느헤미야는 아닥사스다 20년(주전 444년)에 돌아옵니다(느 1:1; 2:1). 페르시아 당국은 에스라를 유다 땅으로 보내면서 그가 믿는 하나님의 율법을 유다 백성에게 가르치고 지키도록 하는 임무를 맡깁니다. 페르시아가 에스라와 이스라엘의 하나님을 믿기 때문에 그런 일을 하는 것이 아니라, 제국의 식민지 정책의 일환으로 제국의 안정을 이루기 위해서입니다. 그래서 페르시아는 피지배 민족의 종교와 그 가르침을 페르시아 제국법과 동등한 지위를 가진 것으로 인정해주면서, '하나님의 율법과 왕의 명령'을 따르도록 사법직 권한까지 줍니다(라 7:26). 이를 위해 에스라는 제사장이면서 학사라는 위치를 사용합니다.

느헤미야의 귀환을 페르시아 왕이 허락한다는 점(느 2:8-9)에서, 느헤미야 역시 페르시아 제국의 정책 방향 안에서 유다 땅으로 돌아오게 된다고 할 수 있습니다. 그러나 제사장과 학사의 자격으로 돌아온 에스라와 달리, 느헤미야는 유다 땅 총독으로 임명되어 행정 책임자로 유다 땅에 돌아옵니다(느 5:14). 아닥사스다 20년에 총독으로 부임한 느헤미야는 12년간 유다 땅에서 총독으로 재임했고, 이후 페르시아로 잠시 떠났다가 다시 유다 땅에 돌아와서 두 번째 총독 임기를 수행합니다(느 13:6-7).

느헤미야의 활동은 에스라와는 구별됩니다. 율법을 가르치고 집행하는 일이 에스라의 과제였다면, 행정 책임자인 총독으로서 느헤미야는 예루살렘 성벽 재건에 집중합니다. 얼핏 특정 지역에서 성벽을 짓는 일은 제국을 거스르려는 시도로 보일 수 있습니다. 실제로 느헤미야와 유다 백성의 개혁을 반대하는 무리들 또한 끊임없이 이들의 행위를 페르시아에 대한 반역으로 몰아가려고 합니다(느 2:19; 6:6-7).

에스라기에서는 귀환 공동체가 그들의 성전 재건에 동참하겠다는 주변 민족의 의사를 거절했고 그로 인해 어려움을 겪었는데(라 4:1-4), 느헤미야기에서도 느헤미야가 주변 민족들에게 단호하게 선을 긋는 것을 볼 수 있습니다(느 2:20). 성벽을 짓는다는 것은 성 안의 사람과 성 밖의 사람을 확연하게 가른다는 점에서 꽤나 배타적이며, 성 밖의 사람을 배제하는 움직임으로 여겨지기도 합니다.

성벽 재건의 진짜 의미, 율법에 따라 사는 공동체의 재건

그러나 이렇게 성벽이 완공된 후 마치 성전을 완공하고 하나님께 감사하듯이 대대적인 감사의 봉헌 예식이 거행된다는 사실(느 12:27-43)은 성벽이 배타적이며 독선적인 틀이 아니라, 오직 주 하나님을 섬기며 살아가겠다는 다짐과 결단의 표시임을 알려줍니다. 이후에 성벽이 언급된 유일한 사례가 안식일에 장사하는 사람이 출입하지 못하도록 성벽 문을 닫았다(느 13:19-22)는 것인데, 이 또한 성벽이 폐쇄적 공동체를 이루는 데 목적이 있는 것이 아니라 안식일에 장사를 안 해서 이익을 보지 못하더라도 하나님의 율법을 따라 살겠다는 데 목적이 있음을 보여줍니다.

느헤미야와 공동체는 좁은 의미의 폐쇄적이며 배타적인 종교 공동체가 아니라 율법에 따라 살겠다는 결단에서 비롯되었음을 보여주는 다른 여러 개혁 조치를 단행합니다. 거기에는 공동체 내부의 빈부격차 문제에 대한 근본적이고 철저한 개혁(느 5장), 과거 역사를 하나님께 거역한 역사로 고백하는 비판적 반성과 공동체의 집단적 회개(느 9장), 안식일과 안식년, 십일조와 같은 규례를 철저히 지키겠다는 결단과 언약(느 10장)이 포함됩니다. 이러한 맥락에서 느헤미야기에서도 에스라기처럼 이방 결혼 문제를 전면에 다루기도 합니다(느 13:23-28). 이로 보건대 이방 결혼 문제의 쟁점은 유다인이냐 아니냐가 아니라, 하나님의 율법대로 살아가느냐 그렇지 않느냐에 있다고 할 수 있습니다.

여러 사람이 함께 읽고 이야기하는 시간이 꼭 필요한 이유

에스라기-느헤미야기에서는 하나님께서 친히 말씀하시는 장면이 전혀 등장하지 않고, 모든 이들은 전해진 말씀에 근거해서 기도하며 판단하고 결정하고 추진합니다. 하나님께서 친히 등장하시는 장면이 없다는 점에서 '하나님 없이', 그러나 늘 기도하며 율법에 따라 결정하고자 한다는 점에서 '하나님과 함께' 걸어가는 공동체를 보여줍니다.

또 에스라기와 느헤미야기는 무엇이 옳다 그르다 개입해 판정하지 않고, 에스라와 느헤미야, 그리고 귀환 공동체의 이런저런 결정과 행동을 묘사합니다. 그래서 이 책을 읽는 독자 스스로 이들의 결정을 어떻게 이해해야 할지 판단하도록 초대합니다. 성경의 다른 책들도 그렇겠지만, 특히 에스라기-느헤미야기는 혼자 읽을 것이 아니라 여러 사람이 함께 읽으면서 각자 이들의 행동을 어떻게 이해하는지, 우리는 어떻게 해야 할지 서로 의견을 나누고 뜻을 모아가는 함께 읽고 나누는 시간이 꼭 필요합니다.

{ 제1장 }

느헤미야가 예루살렘을 두고 기도하다

1 하가랴의 아들 느헤미야가 한 말이다.
○ 이십년 기슬르월, 내가 도성 수산에 있을 때에, 2 나의 형
제 가운데 하나인 하나니가 다른 사람들과 함께 유다에서 왔
기에, 이리로 사로잡혀 오지 않고, 그곳에 남아 있는 유다 사
람들은 어떠한지, 예루살렘의 형편은 어떠한지를 물어보았
다. 3 그들이 나에게 대답하였다. "사로잡혀 오지 않고 그 지
방에 남은 사람들은, 거기에서 고생이 아주 심합니다. 업신여
김을 받습니다. 예루살렘 성벽은 허물어지고, 성문들은 다 불
에 탔습니다." 4 이 말을 듣고서, 나는 주저앉아서 울었다. 나
는 슬픔에 잠긴 채로 며칠 동안 금식하면서, 하늘의 하나님께
기도하여 5 아뢰었다.
○ 주 하늘의 하나님, 위대하고 두려운 하나님, 주님을 사랑
하는 이들과 세운 언약, 주님의 계명을 지키는 이들과 세운

느헤미야는 그동안 예루살렘의 형편을 전혀 듣지 못했다가 처음으로 알게 된 건가요? 당시 예루살렘은 어떤 상황이었나요? 1절의 20년이 언제인지 여기서는 구체적인 언급이 없지만, 2장 1절에서는 아닥사스다 20년이라고 알려줍니다. 이때는 주전 444년이므로 고레스 때의 포로 귀환(주전 538년)이 시작된 지 어언 90년가량 흘렀으며, 성전이 세워진 지(주전 516년) 70년 정도 흘렀습니다. 그러나 유다에서 온 사람들의 보고는 마치 최근에 예루살렘이 함락되고 불타버린 것 같은 인상을 줍니다. 그런 점에서 이 보고는 사실을 정확히 알리는 객관적인 보고가 아니라, 예루살렘의 상황이 바빌로니아에게 멸망한 이후 거의 한 걸음도 더 나아가지 못한 상태라고 판단한 주관적인 보고, 신앙의 눈으로 본 보고라고 할 수 있습니다. 겉으로는 멀쩡해 보이지만, 실제로는 속이 다 무너져버린 우리네 삶도 허다하듯 말입니다.

언약을 지키시며 은혜를 베푸시는 하나님, 6 이제 이 종이 밤
낮 주님 앞에서 주님의 종 이스라엘 자손을 위하여 드리는 이
기도에 귀를 기울이시고, 살펴주십시오. 우리 이스라엘 자손
이 주님을 거역하는 죄를 지은 것을 자복합니다. 저와 저의
집안까지도 죄를 지었습니다. 7 우리가 주님께 매우 큰 잘못
을 저질렀습니다. 주님의 종 모세를 시키시어, 우리에게 내리
신 계명과 율례와 규례를 우리가 지키지 않았습니다. 8 주님
의 종 모세를 시키시어 하신 말씀을 기억하여주십시오. 우리
가 죄를 지으면, 주님께서 우리를 여러 나라에 흩어버리겠지
만, 9 우리가 주님께로 돌아와서, 주님의 계명을 지키고 실천
하면, 쫓겨난 우리가 하늘 끝에 가 있을지라도, 주님께서 거
기에서 우리를 한데 모아서, 주님의 이름을 두려고 택한 곳으
로 돌아가게 하겠다고 하신 그 말씀을, 이제 기억하여주십시
오. 10 이들은 주님께서 크신 힘과 강한 팔로 건져내신 주님
의 종이며, 주님의 백성입니다. 11 주님, 종의 간구를 들어주
십시오. 주님의 이름을 진심으로 두려워하는 주님의 종들의
간구에 귀를 기울여주십시오. 이제 주님의 종이 하는 모든 일

그가 왕에게 술잔을 받들어 올리는 일을 맡았을 정도면 어떤 위치였다고 볼 수 있나요? 왕의 가장 측근에서 왕이 필요로 할 때 이런저런 이야기를 듣고 지원하는 역할이 술잔을 받들어 올리는 직책이었을 것입니다. 절대 권력인 왕에게 가장 가까이 접근해 이야기를 나눌 수 있다는 점에서, 객관적인 품계가 무엇이든 느헤미야는 왕의 최측근이라 말할 수 있습니다. 유다에서 온 사람의 보고를 들은 느헤미야는 하늘의 하나님께서 자신을 부르신다고 느낀 것 같습니다. 같은 보고를 들어도 그냥 넘어가는 이가 있는가 하면, 느헤미야는 자신이 할 일이 있다고 깨달았고 동포를 위해 고국 땅으로 돌아가야겠다고 결심했습니다. 마지막 절에서 보듯, 느헤미야는 왕궁에서 자신의 위치가 자신이 돌아가는 일에 도움이 되리라 여겼습니다. 현재 자신의 지위를 하나님께서 이때를 위해 준비하신 것이라 생각했을 것입니다.

을 형통하게 하여주시고 왕에게 자비를 입게 하여주십시오.
○ 그때에 나는 왕에게 술잔을 받들어 올리는 일을 맡아 보고 있었다.

{ 제2장 }

느헤미야가 예루실렘으로 가다

1 아닥사스다 왕 이십년 니산월에 나는 왕에게 술을 따르는 일
을 맡았다. 왕에게 술을 따라드리는 어느 날, 왕께서는 나의
안색이 평소와는 달리 좋지 않은 것을 보시고는 2 "안색이 좋
지 않구나. 아픈 것 같지는 않은데, 무슨 걱정되는 일이라도
있느냐?" 하고 물으셨다. 나는 너무나도 황공하여 3 "임금님,
만수무강하시기를 빕니다. 소신의 조상이 묻힌 성읍이 폐허

이스라엘의 월력은 어떻게 되나요? 지금도 통용되고 있나요? 1장 1절의 기슬르, 2장 1절의 니산 같은 이름은 바빌로니아의 월 이름입니다. 유다인은 첫째 달, 둘째 달, 셋째 달 같은 방식으로 이름을 붙였는데, 성경에서 비롯된 종교력의 첫째 달이 바빌로니아 달력에서는 니산월입니다. 기슬르월은 종교력에서 아홉째 달입니다. 열두 번째 달이 아달월입니다. 이러한 종교력은 일 년을 열두 달로 나눈다는 점에서 태양력이지만, 한 달은 달의 움직임을 따라 초승달이 뜨는 날부터 시작한다는 점에서 태음력을 따릅니다(태음태양력, lunisolar calendar). 그래서 태양력과 딱 일치하지는 않습니다. 종교력의 첫째 달이자, 바빌로니아 달력의 니산월은 태양력으로는 3–4월입니다. 한편 민간에서는 종교력으로 일곱째 달인 티슈리월의 첫날을 새해의 시작('로쉬 핫샤나')으로 여겨서 달력이 더욱 복잡해집니다. 오늘날 이스라엘은 기본적으로 전 세계 대부분의 나라에서 하듯 태양력을 사용하지만, 여전히 민간에는 티슈리월(양력으로 9–10월)에 시작하는 새해를 따르는 민간력이 존재합니다.

가 되고 성문들이 모두 불에 탔다는 소식을 듣고서, 울적한 마
음을 가누지 못한 탓입니다" 하고 아뢰었더니, 4 "네가 바라는
것이 무엇이냐?" 하고, 왕께서 또 나에게 물으셨다. 나는 하늘
의 하나님께 기도를 드리고 나서, 5 왕에게 말씀드렸다. "임금
님께서 좋으시면, 임금님께서 소신을 좋게 여기시면, 소신의
조상이 묻혀 있는 유다의 그 성읍으로 저를 보내주셔서, 그 성
읍을 다시 세우게 하여주시기를 바랍니다."
6 ○ 그때에 왕후도 왕 옆에 앉아 있었다. 왕은 "그렇게 다녀오
려면 얼마나 걸리겠느냐? 언제쯤 돌아올 수 있겠느냐?" 하고
나에게 물으셨다. 왕이 기꺼이 허락하실 것 같은 생각이 들어
서, 나는 얼마가 걸릴지를 말씀드렸다. 7 나는 왕에게 덧붙여
서 말씀드렸다. "임금님께서 좋으시다면, 소신이 유다까지 무
사히 갈 수 있도록 유프라테스 서쪽 지방의 총독들에게 보내
는 친서를 몇 통 내려주시기 바랍니다. 8 또 왕실 숲을 맡아보
는 아삽에게도, 나무를 공급하라고 친서를 내리셔서, 제가 그
나무로 성전 옆에 있는 성채 문짝도 짜고, 성벽도 쌓고, 소신
이 살 집도 짓게 하여주시기 바랍니다." 나의 하나님이 선하신

산발랏과 도비야의 근심은 무엇을 말하는 건가요?(10절) 산발랏은 당시 페르시아 제국의 강 서편에 속한 여러 지방 가운데 사마리아 지방의 총독이었고, 지금 느헤미야는 사마리아에 인접한 유다 지방에 총독으로 부임한 상황입니다. 도비야는 유다 지역의 유지라고 할 만한 사람이었습니다. 산발랏과 도비야는 이해관계가 서로 맞아떨어진 밀접한 사이였고, 유다 지역에 영향력을 미치며 사실상 유다를 장악하고 있었습니다. 그런데 이제 느헤미야가 온다는 소식을 듣고서는 자신들이 여태 누려왔던 모든 것들이 흔들리게 될까 봐 두려워하는 것입니다. 그들에게는 예루살렘의 성벽이 없다는 것이 전혀 문제되지 않았고, 도리어 누구나 왕래할 수 있는 현재가 예루살렘의 독자적인 성보다는 더욱 편했습니다.

손길로 나를 잘 보살펴주셔서, 왕이 나의 청을 들어주었다.
9 ○ 왕은 나에게 장교들과 기병대를 딸려 보내어, 나와 함께
가게 하였다. 그래서 나는 길을 떠나, 유프라테스 서쪽 지방의
총독들에게로 가서, 왕의 친서를 전하였다. 10 호론 사람 산발
랏과 종노릇을 하던 암몬 사람 도비야에게 이 소식이 들어갔
다. 그들은, 어떤 사람이 이스라엘 자손의 형편을 좋게 하려고
오고 있다는 것을 알고서, 몹시 근심하였다고 한다.

느헤미야가 성벽 재건을 격려하다

11 ○ 나는 예루살렘에 이르러, 거기에서 사흘 동안 쉬고 나서,
12 밤에 수행원을 몇 명 데리고 순찰을 나섰다. 하나님이 나의
마음을 움직이셔서 예루살렘에서 일하도록 하신 것을, 나는
그때까지 어느 누구에게도 말하지 아니하였다. 나에게 짐승
이라고는, 내가 탄 것밖에 없었다. 13 밤에 나는 '골짜기 문'을
나섰다. '용 샘'을 지나 '거름 문'에 이르기까지 예루살렘 성벽
을 살펴보니, 성벽은 다 허물어지고, 문들도 모두 불에 탄 채

골짜기 문, 용 샘, 거름 문, 샘 문, 왕의 연못 등 예루살렘의 성벽의 부속 건물이 많아 보입니다. 성벽의 특징과 규모가 궁금합니다. 예루살렘 성벽은 바빌로니아에게 멸망당하던 주전 587년에 파괴된 채 느헤미야 시기까지 폐허처럼 있었습니다. 성벽이 온전하던 때부터 존재했던 여러 성문의 이름이 여기에 소개되고 있고, 3장과 12장에도 이 당시의 여러 이름이 소개됩니다. 그럼에도 오늘날 우리는 이 문들이 정확히 어디를 가리키며 당시 예루살렘 성의 규모가 어느 정도인지 알지 못합니다. 알 수 있는 것은 느헤미야가 성벽을 짓기 위해 최선을 다해 살피며 조사하고 있다는 점입니다. 이미 있던 것에 익숙해졌고, 거기에서 이득까지 얻는 자들은 현실을 바꾸고 싶지 않을 겁니다. 그렇기에 느헤미야는 밤중에 비밀리에 현실을 파악하며 일을 진행하려고 합니다.

로 버려져 있었다. 14 '샘 문'과 '왕의 연못'에 이르렀을 때에는,
내가 탄 짐승이 더 나아갈 길이 없었다. 15 그래서 그날 밤에
나는 계곡을 따라 올라가면서, 성벽을 둘러보고, 다시 '골짜기
문'을 지나 되돌아왔다. 16 그때에 내가 유다 사람들이나, 제
사장들이나, 귀족들이나, 관리들이나, 그 밖에 직책을 가진 어
느 누구에게도 이것을 말하지 아니하였으므로, 관리들은, 내
가 어디를 다녀왔는지, 무엇을 하였는지, 아무도 알지 못하였
다. 17 이렇게 돌아보고 난 다음에, 나는 비로소 관리들에게 말
하였다. "여러분이 아는 바와 같이, 우리는 지금 어려움에 빠
져 있습니다. 예루살렘은 폐허가 되고, 성문들은 불탔습니다.
이제 예루살렘 성벽을 다시 쌓읍시다. 남에게 이런 수모를 받
는 일이 다시는 없어야 할 것입니다." 18 나는 또한 나의 하나
님이 선하신 손길로 나를 잘 보살펴주신 일과, 왕이 나에게 한
말을 그들에게 말하였다. 그랬더니 그들은 공사를 시작하겠다
고 나에게 다짐하였고, 힘을 내어, 기꺼이 그 보람 있는 일을
시작하였다.
19 ○ 그러나 이 일이 호론 사람 산발랏과 종노릇을 하던 암몬

산발랏과 도비야는 왜 왕까지 승인하고 밀어주는 일에 대해 '반역'이라고 말하며 어깃장을 놓는 겁니까?(19절) 식민지로 제국에 병합된 지역에서 갑작스레 성벽을 짓는다고 하면 불순한 의도가 깔려 있는 경우가 적지 않았을 겁니다. 느헤미야는 페르시아 왕실의 허락을 받아 진행하지만, 산발랏과 도비야 패거리에게 그 점은 크게 중요하지 않았을 것입니다. 그들은 일단 유언비어를 퍼뜨려 느헤미야가 진행하려는 일을 방해하는 데 목적이 있습니다. 예루살렘 성벽이 완성될 경우, 예루살렘을 중심으로 유다인들의 공동체가 견고해지고 산발랏과 도비야 일당의 영향력은 약화될 것이 분명하기에 어떻게든 이를 막으려고 합니다. 그리고 동서고금을 막론하고 언제나 "반역을 꾀한다"는 누명은 상대방에게 올무 걸기에 최고의 수단이었습니다.

사람 도비야와 아랍 사람 게셈에게 알려지니, 그들은 우리에
게로 와서 "당신들은 지금 무슨 일을 하고 있는 거요? 왕에게
반역이라도 하겠다는 것이오?" 하면서, 우리를 업신여기고 비
웃었다. 20 내가 나서서 그들에게 대답하였다. "하늘의 하나님
이 우리를 위하여 이 일을 꼭 이루어주실 것이오. 성벽을 다시
쌓는 일은 그분의 종인 우리가 해야 할 일이오. 예루살렘에서
는 당신들이 차지할 몫이 없소. 주장할 권리도 기억할 만한 전
통도 없소."

{ 제3장 }

예루살렘 성벽 재건

1 대제사장 엘리아십이 동료 제사장들과 함께 나서서, '양 문'
을 만들어 하나님께 바치고, 문짝을 제자리에 달았으며, '함메
아 망대'와 '하나넬 망대'까지 성벽을 쌓아서 봉헌하였다. 2 그
다음은 여리고 사람들이 쌓았고, 또 그다음은 이므리의 아들
인 삭굴이 쌓았다.
3 ○ '물고기 문'은 하스나아의 자손이 세웠다. 문틀을 얹고 문
짝을 달고, 빗장과 빗장둔테를 만들어 달았다. 4 그다음은 학
고스의 손자요 우리야의 아들인 므레못이 보수하였고, 그다음
은 므세사벨의 손자요 베레갸의 아들인 므술람이 보수하였으
며, 그다음은 바아나의 아들인 사독이 보수하였다. 5 그다음은
드고아 사람이 보수하였는데, 그들 집안의 어떤 유력자들은

성벽 재건에 함께한 이들이 수록되어 있습니다. 성벽을 중심으로 기술되어 있는데, 여기 등장하는 인물이나 일의 순서에는 어떤 규칙 같은 것이 있나요? 성벽 공사를 시계 반대 방향으로 묘사하는데, 양 문에서 시작해서 양 문으로 마칩니다. 대제사장이 맡은 부분이 양 문이었기에 상징적으로 그 부분부터 서술을 시작합니다. 건축에 참여한 사람을 알리는 내용이 첫머리에 있는데, 이름으로 소개되기도 하고 직업이나 지역과 연관해 소개되기도 합니다. 다음에는 어느 부분을 세웠는지 알려주고, 그 작업의 출발 지점과 마치는 지점에 대한 설명이 이어지기도 합니다. 어떤 이들은 문을 세우고, 어떤 이들은 문과 문 사이 성벽을 세웁니다. 15절까지는 성문을 세웠다는 내용이 많고, 16절부터는 성문 건설은 없이 성벽을 연결해 지어가는 이들이 소개됩니다. 성벽의 모든 부분이 다 언급된 것은 아니기에, 이 목록에 빠진 부분이 있을 수도 있습니다. 분명한 것은 성벽이 특정한 누군가에 의해서가 아니라, 모두 혹은 많은 사람이 참여해 세워졌다는 점입니다.

공사 책임자들에게 협조하지 않았다.
6 ○ '옛 문'은 바세아의 아들인 요야다와 브소드야의 아들인
므술람이 보수하였다. 문틀을 얹고 문짝을 달고, 빗장과 빗장
둔테를 만들어 달았다. 7 그다음은 기브온 사람 믈라댜와 메
로놋 사람 야돈이 유프라테스 서쪽 지방의 총독 아래에 있는
기브온 사람들과 미스바 사람들을 데리고 보수하였다. 8 그
다음은 세공장이 할해야의 아들 웃시엘이 보수하였다. 그다음
은 향품 제조업자 하나냐가 보수하였다. 그들은 '넓은 벽'에 이
르기까지 예루살렘을 복구하였다. 9 그다음은 예루살렘의 반
쪽 구역의 책임자이며 후르의 아들인 르바야가 보수하였다.
10 그다음은 하루맙의 아들인 여다야가 보수하였는데, 그곳
은 바로 자기 집 맞은쪽이었다. 그다음은 하삽느야의 아들 핫
두스가 보수하였다. 11 하림의 아들인 말기야와 바핫모압의
아들인 핫숩은 '풀무 망대'까지 합쳐서, 둘째 부분을 보수하였
다. 12 그다음은 예루살렘의 반쪽 구역의 책임자이며 할로헤
스의 아들인 살룸이 자기 딸들과 함께 보수하였다.
13 ○ '골짜기 문'은 하눈과 사노아에 사는 사람들이 보수하였

"어떤 유력자들은 공사 책임자들에게 협조하지 않았다"(5절)고 말합니다. 다 같은 민족인데, 그들은 성전 건축에 대해 같은 마음이 아니었나요? 정확한 원인을 본문이 말하진 않지만, 성벽 재건을 내켜하지 않았던 이들이 있었음을, 그것도 '유력한 사람들' 가운데 있었음을 알려줍니다. 아마도 이 유력한 이들에게는 굳이 예루살렘 성벽이라는 것이 필요 없었을 겁니다. 드고아는 예루살렘 남쪽에 있는 곳으로, 당시 유다의 남동쪽에 영향을 미치던 아라비아, 그리고 아랍의 지도자인 게셈(느 2:19)의 영향력이 미치는 지역이었을 수 있습니다. 그렇다면 그와 연관되어 이미 충분한 이익을 얻고 있었으므로 성벽 재건을 반대했을 수도 있습니다. 공동체가 하나님 앞에서 성벽을 세워 공동체를 든든히 하고자 하지만, 이처럼 어떤 이들은 당장 자신의 이익과 무관한 남의 일로 여기기도 합니다.

다. 문틀을 얹고 문짝을 달고, 빗장과 빗장둔테를 만들어 달
았다. 그들은 또한 '거름 문'까지 성벽 천 자를 보수하였다.
14 ○ '거름 문'은 벳학게렘 구역의 책임자이며 레갑의 아들인
말기야가 보수하였다. 문틀을 얹고 문짝을 달고, 빗장과 빗장
둔테를 만들어 달았다.
15 ○ '샘 문'은 미스바 구역의 책임자이며 골호세의 아들인 살
룬이 보수하였다. 문틀을 얹고, 지붕을 덮은 다음에, 문짝을
달고, 빗장과 빗장둔테를 만들어 달았다. 그가 왕의 동산 옆
'셀라 연못'가의 성벽을 다윗 성에서 내려오는 층계까지 보수
하였다. 16 그다음에 이어지는 부분 곧 다윗의 묘지 맞은쪽에
서부터 인공 연못과 '용사의 집'까지는, 벳술 반쪽 구역의 책
임자이며 아스북의 아들인 느헤미야가 보수하였다. 17 그다음
에 이어지는 부분은 레위 사람 바니의 아들 르훔이 보수하였
다. 또 그다음은 그일라의 반쪽 구역의 책임자인 하사뱌가 자
기 구역을 맡아서 보수하였다. 18 그다음에 이어지는 부분은
그일라의 다른 반쪽 구역의 책임자이며 헤나닷의 아들인 바왜

성벽을 재건하는 데 참여한 사람들과 그들이 한 일이 무려 한 장에 걸쳐 길게 나열되어 있습니다. 이런 기록의 의미는 무엇인가요? 성벽 재건은 대제사장 혼자, 느헤미야 혼자 할 수 있는 일이 아닙니다. 3장에 빈번히 쓰인 표현으로 '그다음은'이 있습니다. 각자 자신이 할 수 있는 부분을 하고 그다음은 그다음 사람이 합니다. 이러한 재건은 대제사장이건, 장사하는 사람이건, 특정한 지역을 다스리는 사람이건 누구라도 참여해 함께 만들어갑니다. 살룸의 딸들이라는 이름이 밝혀지지 않은 여성들도 참여했습니다(12절). 우리야의 아들 므레못(4, 21절), 베레갸의 아들 므술람(4, 30절)처럼 아마도 형편이 넉넉해 두 부분의 건설에 참여한 이도 있습니다. 여러 이름으로 가득한 3장 같은 기록은 시간이 많이 흐른 어느 시점에 기록되어 지금 당연한 것처럼 존재하는 예루살렘 성벽이 사실은 이렇게 많은 사람, 공동체 거의 전부가 각각 한몫을 기본적으로 감당해 세워진 것임을 알려줍니다.

가 친족들과 함께 보수하였다. 19 그 옆으로 이어지는 둘째 부
분 곧 비탈 맞은쪽에서부터 성 굽이에 있는 무기 창고까지는,
미스바 구역의 책임자이며 예수아의 아들인 에셀이 보수하였
다. 20 그다음에 이어지는 둘째 부분 곧 성 굽이에서부터 대
제사장 엘리아십의 집 문까지는, 삽배의 아들 바룩이 열심히
보수하였다. 21 그다음에 이어지는 둘째 부분 곧 엘리아십의
집 문에서부터 엘리아십의 집 맨 끝까지는, 학고스의 손자이
며 우리야의 아들인 므레못이 보수하였다. 22 그다음에 이어
지는 부분은 그 구역 안에 사는 제사장들이 보수하였다. 23 그
다음에 이어지는 부분은 베냐민과 핫숩이 보수하였는데, 그곳
은 그들의 집 맞은쪽이다. 그다음에 이어지는 부분은 아나냐
의 손자요 마아세야의 아들인 아사랴가 보수하였는데, 그곳은
그의 집 옆쪽이다. 24 그다음에 이어지는 둘째 부분 곧 아사랴
의 집에서 성 굽이를 지나 성 모퉁이까지는, 헤나닷의 아들인
빈누이가 보수하였다. 25 우새의 아들 발랄은, 성 굽이 맞은쪽
과 윗대궐에서 쑥 내민 망대 맞은쪽 곧 시위청에서 가까운 부
분을 보수하였다. 그다음에 이어지는 부분은, 바로스의 아들

성벽에는 문, 망대, 벽 등에 고유한 이름들이 있습니다. 거기에 쓰인 이름의 특징과 의미는 무엇인가요? 3장과 느헤미야기 곳곳에 등장하는 문과 망대 대부분의 정확한 위치를 오늘날 잘 알지 못합니다. 다만 이와 같은 본문을 통해 당시 성벽이 이러한 요소를 곳곳에 갖추고 있었음을 짐작하게 합니다. 특히 이 성벽에는 양 문, 물고기 문, 옛 문, 골짜기 문, 거름 문, 샘 문 같은 여러 문이 있습니다. 성벽을 쌓는 행위는 성 바깥과의 단절을 상징하지만, 이 성벽에는 이처럼 많은 문이 있고 이 문들은 당연히 '소통'을 상징할 것입니다. 13장 15-22절에서 보듯 안식일에는 그 어떤 이익에도 불구하고 장사하지 않기 위해 성문을 닫지만, 기본적으로 성문은 열려 있었을 것입니다. 그래서 많은 성문은 자신의 정체성을 든든히 지키면서도 세상과 소통하는 것을 잘 보여줍니다.

인 브다야와 26 오벨에 살고 있는 성전 막일꾼들이, 동쪽 수문
맞은쪽, 쑥 내민 망대가 있는 곳까지 보수하였다. 27 그다음에
이어지는 둘째 부분 곧 쑥 내민 큰 망대에서 오벨 성벽까지는,
드고아 사람들이 보수하였다.

28 ○ '말 문' 위로는 제사장들이 각각 자기 집 맞은쪽을 보수
하였다. 29 그다음에 이어지는 부분은, 임멜의 아들인 사독
이 보수하였는데, 자기 집 맞은쪽이다. 그다음에 이어지는 부
분은, 동문 문지기인 스가냐의 아들인 스마야가 보수하였다.
30 그다음에 이어지는 둘째 부분은, 셀레먀의 아들인 하나냐
와 살랍의 여섯째 아들인 하눈이 보수하였다. 그다음에 이어
지는 부분은, 베레갸의 아들인 므술람이 보수하였는데, 그곳
은 자기 방 맞은쪽이다. 31 그다음에 이어지는 부분 곧 '점호
문' 맞은쪽, 성전 막일꾼들과 상인들의 숙소가 있는 데까지,
그리고 성 모퉁이 누각까지는, 세공장이 말기야가 보수하였
다. 32 성 모퉁이 누각에서 '양 문'까지는, 세공장이와 상인들
이 보수하였다.

{ 제4장 }

방해를 물리치다

1 우리가 성벽을 다시 쌓아 올리고 있다는 소식을 들은 산발랏
은, 몹시 분개하며 화를 내었다. 그는 유다 사람을 비웃으며,
2 자기 동료들과 사마리아 군인들이 듣는 데에서 "힘도 없는
유다인들이 도대체 무슨 일을 하는 거냐? 이 성벽을 다시 쌓는
다고? 여기에서 제사를 지내겠다는 거냐? 하루 만에 일을 끝
낸다는 거냐? 불타버린 돌을 흙무더기 속에서 다시 꺼내서 쓸
수 있다는 거냐?" 하고 빈정거렸다.
3 ○ 그의 곁에 서 있는 암몬 사람 도비야도 한마디 거들었다.
"다시 쌓으면 뭘 합니까? 돌로 성벽을 쌓는다지만, 여우 한 마
리만 기어 올라가도 무너지고 말 겁니다."
4 ○ "우리의 하나님, 들어주십시오. 우리가 이렇게 업신여김
을 받고 있습니다. 제발, 우리에게 퍼붓는 그 욕이 그들에게
되돌아가게 하여주십시오. 그들이 노략을 당하게 하시고, 남

산발랏과 도비야가 이렇게까지 분개하고 비웃어대는 이유는 무엇인가요? 2장에서도 산발랏과 도비야가 느헤미야와 유다 사람들을 비웃었다는 내용이 있습니다(느 2:19). 그때의 비웃음은 유다 사람들이 도무지 해낼 수 없는 일을 시작한다는 점에서 비현실적이며 망상에 사로잡힌 이들을 향한 비웃음으로, 거기엔 일종의 자신감이 배어 있었습니다. 4장에 이르러서는 실제로 성벽 건축이 시작되어 진행되는 모습을 보자 크게 당황한 점도 있을 겁니다. 그래서 4장에서는 분개하고 화를 냅니다. 되지도 않는 일을 시작한다고 비웃던 이들은 이제 유다 사람이 지으려는 성벽이 얼마나 초라하고 보잘것없으며 허약한 것인지를 비방하기 시작합니다. 느헤미야와 그 무리를 비방하려는 목적도 있고, 산발랏과 도비야와 함께한 패거리 스스로를 단속하며 내부를 든든히 하려는 목적도 있을 것입니다.

의 나라로 끌려가게 하여주십시오. 5 그들의 죄를 용서하지 마
시고, 그들의 죄를 못 본 체하지 마십시오. 그들이야말로 성을
쌓고 있는 우리 앞에서 주님을 모욕한 자들입니다."
6 ○ 우리는 성 쌓는 일을 계속하였다. 백성이 마음을 모아서
열심히 일하였으므로, 성벽 두르기는 마칠 수 있었으나, 높이
는 반밖에 쌓지 못하였다. 7 그때에 산발랏과 도비야와 아랍
사람들과 암몬 사람들과 아스돗 사람들은, 예루살렘 성벽 재
건이 잘되어가고 있으며, 군데군데 무너진 벽을 다시 잇기 시
작하였다는 소식을 듣고서, 몹시 화를 내면서, 8 한꺼번에 예
루살렘으로 올라와서 성을 치기로 함께 모의하였다. 우리를
혼란에 빠뜨리려는 것이었다. 9 그래서 우리는, 한편으로는 우
리의 하나님께 기도를 드리고, 다른 한편으로는 경비병을 세
워, 밤낮으로 지키게 하였다. 10 그런데 유다 사람들 사이에서
이런 노래가 퍼지고 있었다. 흙더미는 아직도 산더미 같은데,
짊어지고 나르다 힘이 다 빠졌으니, 우리 힘으로는 이 성벽 다
쌓지 못하리.
11 ○ 한편 우리의 원수들은, 쥐도 새도 모르게 쳐들어와서 우

성 쌓는 일은 힘에 부치고, 이들을 치려는 사람들은 모의합니다. 유다 사람들 사이에선 낙망의 노래까지 퍼질 정도로(10절) 낙망하는 마음이 지배적이었나요? 방해는 집요했습니다. 그들은 유다 사람이 세우는 성벽이 얼마나 초라한지 비웃었고, 이러한 비웃음은 실제 공사에 참여한 유다 사람들에게 자신들의 노력에 비해 결과물이 보잘것없을 것 같다는 마음을 생기게 했을 것입니다. 그 와중에 방해자들이 아예 갑자기 공격해서 자신들을 해치려는 음모까지 진행하고 있다는 소식이 들려오니 유다 사람들은 왜 이렇게까지 하면서 성벽을 지어야 하는지 회의가 생기고, 당장 자신과 가족의 안전을 우선시해야 한다는 생각도 들었을 것입니다. 그러다 보면, "역시 우리는 안 된다"는 체념과 포기가 더욱 확산되기도 했을 것입니다. 이것은 정확히 산발랏과 도비야 같은 기득권 세력이 원하고 의도하는 바입니다.

리를 죽여서, 일을 못하게 하려고 계획하고 있었다. 12 그들
가까이에서 사는 유다 사람들이 우리에게 올라와서, 그들이
사방에서 우리를 치려고 한다고, 열 번이나 일러주었다. 13 그
래서 나는 백성 가운데서 얼마를 가문별로, 칼과 창과 활로 무
장시켜서, 성벽 뒤 낮은 빈터에 배치하였다. 14 백성이 두려워
하는 것을 보고, 나는 귀족들과 관리들과 그 밖의 백성들을 격
려하였다. "그들을 두려워하지 말아라. 위대하고 두려운 주님
을 기억하고, 형제자매와 자식과 아내와 가정을 지켜야 하니,
싸워라." 15 드디어 우리의 원수들은 자기들의 음모가 우리에
게 새나갔다는 것을 알게 되었다. 하나님이 그들의 음모를 헛
되게 하셨으므로, 우리는 모두 성벽으로 돌아와서, 저마다 하
던 일을 계속하였다.
16 ○ 그날부터 내가 데리고 있는 젊은이 가운데서 반은 일을
하고, 나머지 반은 창과 방패와 활과 갑옷으로 무장을 하였다.
관리들은 성벽을 쌓고 있는 유다 백성 뒤에 진을 쳤다. 17 짐을
나르는 이들은, 한 손으로는 짐을 나르고, 다른 한 손으로는

이스라엘의 비장한 전투력과 함께, 성벽 건축에 대한 절박함이 눈에 띕니다. 적들을 경계하면서 건설까지 해야 하다니, 현실이 너무 가혹한 거 아닌가요? 만약 유다가 힘세고 강력한 제국이었다면 저렇게까지 힘들지는 않았을 것입니다. 그리고 하나님을 믿는 신앙을 내세우지 않고, 멸망한 나라의 백성으로 인근 사마리아나 암몬, 아라비아와 어울려 여러 민족 가운데 하나로 살아가도 큰 문제는 없었을 것입니다. 그러나 느헤미야와 공동체처럼 주 하나님만을 믿으며 그 가르침을 따라 살아가려고 하면 그때부터 문제가 발생합니다. 올바르게 살아가려고 결심하면, 정의롭고 정직하게 살겠다고 마음먹으면, 오늘 우리 역시 삶의 곳곳에서 문제를 맞닥뜨리듯이 말입니다. 모든 사람과 갈등 없이 지내면 편안하겠지만, 그 대신 하나님을 믿는 신앙은 그저 마음속에만 있는 것이 되겠지요. 올바르게 살기로 마음먹으면 고생하게 된다는 점에서 현실은 가혹할 수 있습니다.

무기를 잡았다. 18 성벽을 쌓는 이들은 저마다 허리에 칼을 차
고 일을 하였다. 나팔수는 나의 곁에 있게 하였다. 19 나는 귀
족들과 관리들과 그 밖의 백성에게 지시하였다. "하여야 할 일
이 많은 데다, 일하는 지역이 넓으므로, 우리는 성벽을 따라서
서로 멀리 떨어져 있다. 20 어디에서든지 나팔 소리를 들으면,
그 소리가 나는 곳으로 모여와서, 우리와 합세하여라. 우리 하
나님이 우리 편이 되어서 싸워주신다." 21 우리는 이른 새벽
부터 밤에 별이 보일 때까지 일을 하였다. 우리 가운데 반수는
창을 들고 일을 하였다.

22 ○ 이 기간에 나는 또 백성에게 명령하였다. "밤에는 저마
다 자기가 데리고 있는 부하들과 함께 예루살렘 성 안으로 들
어와 묵으면서 경계를 서고, 낮에는 일을 하여라." 23 나도, 나
의 형제들도, 내가 데리고 있는 젊은이들도, 나를 따르는 경
비병들도, 우리 가운데 어느 누구도 옷을 벗지 않았으며, 물을
길러 갈 때에도 무기를 들고 다녔다.

{ 제5장 }

가난한 이들이 외치다

1 백성 사이에서 유다인 동포를 원망하는 소리가 크게 일고 있
다. 부인들이 더 아우성이다. 2 더러는 이렇게 울부짖는다. “우
리 아들딸들, 거기에다 우리까지, 이렇게 식구가 많으니, 입에
풀칠이라도 하고 살아가려면, 곡식이라도 가져오자!” 3 또 어
떤 이들은 이렇게 울부짖는다. “배가 고파서 곡식을 얻느라고,
우리는 밭도 포도원도 집도 다 잡혔다!” 4 또 어떤 이들은 이렇
게 외친다. “우리는 왕에게 세금을 낼 돈이 없어서, 밭과 포도
원을 잡히고 돈을 꾸어야만 했다!” 5 또 더러는 이렇게 탄식한
다. “우리의 몸이라고 해서, 유다인 동포들의 몸과 무엇이 다르
냐? 우리의 자식이라고 해서 그들의 자식과 무엇이 다르단 말
이냐? 그런데도 우리가 아들딸을 종으로 팔아야 하다니! 우리
의 딸 가운데는 벌써 노예가 된 아이들도 있는데, 밭과 포도원

대규모 토목공사가 진행되는 동안, 피폐해진 백성들로부터 원성이 터져 나옵니다. 하나님을 믿는다는 나라에서도 힘없는 백성들의 삶은 여전히 고단했던 건가요?
페르시아에 내야 하는 세금에 지역을 위한 공사 동원까지, 가난한 이들의 삶은 피폐해졌습니다. 먹고살고 세금을 내기 위해 빚을 져야 했고, 그러다 보니 그들은 가진 땅을 저당 잡히고 곡식이나 돈을 융통해야 했으며, 이를 갚지 못하니 땅이 넘어가고 급기야 자신의 몸까지 팔아야 하는 지경이 되었습니다. 땅이나 몸을 저당 잡히고 돈을 융통하는 일은 강제로 이루어진 것이 아니라 자유의사에 따른 것입니다. 그래서 행정 당국이 개입하지 않으면 결국 빈익빈 부익부가 더욱 심화될 수밖에 없습니다. 바빌로니아 포로 생활에서 놓여나 고국이라고 돌아왔지만, 경제적인 현실은 다시금 그들을 누군가의 종, 특히 동족의 종으로 살도록 만들어버린 것입니다. 언제나 가난한 이들의 삶은 이토록 고달프고 어렵습니다.

이 다 남의 것이 되어서, 우리는 어떻게 손을 쓸 수도 없다."
6 ○ 그들의 울부짖음과 탄식을 듣고 보니, 나 또한 치밀어 오
르는 분노를 참을 수가 없다. 7 나는 그들이 울부짖는 내용을
신중하게 살핀 다음에, 귀족들과 관리들에게, 어찌하여 같은
겨레끼리 돈놀이를 하느냐고 호되게 나무랐다. 이 문제를 다루
어야 하겠기에, 나는 대회를 열고서, 8 귀족들과 관리들에게 말
하였다. "우리는, 이방 사람들에게 팔려서 종이 된 유다인 동
포를, 애써 몸값을 치르고 데려왔소. 그런데 지금 당신들은 동
포를 또 팔고 있소. 이제 우리더러 그들을 다시 사오라는 말이
오?" 이렇게 말하였으나, 그들 가운데 대답하는 사람이 아무도
없다. 그들에게도 할 말이 없을 것이다. 9 내가 말을 계속하였
다. "당신들이 한 처사는 옳지 않습니다. 이방인 원수들에게 웃
음거리가 되지 않으려거든, 하나님을 두려워하면서 살아야 합
니다. 10 나도, 나의 친족도, 그리고 내 아랫사람들도, 백성에
게 돈과 곡식을 꾸어주고 있습니다. 제발, 이제부터는 백성에

성벽 쌓는 일부터 군 지휘, 조세까지 모두 관할하는 총독으로서 느헤미야는 이렇게 가난한 이들의 상황을 어떻게 처리하나요? 하나님의 율법을 따라 살기 위해 성벽을 건축하는데, 그 안에서 살아갈 공동체 내부에 빈부격차가 극심해서 누군가는 동포의 종이 되어버린다면 그런 성벽은 그저 가진 자를 지켜주는 것밖에는 안 될 것입니다. 자유로운 의사에 따라 저당 잡히고 이자를 내기로 하고 맺어진 계약일 테지만, 느헤미야는 단호하게 대처합니다. 먼저 귀족과 관리를 불러 책망하고(7절), 모두를 모아 대회를 열고 그들을 다시 공개적으로 책망합니다(7–8절). 이들의 협조가 없으면 성벽 건설이 쉽지 않을 텐데도 느헤미야는 부와 권력을 가진 이들의 눈치를 보지 않고 공개적으로 규탄하며 하나님을 두려워해야 한다고 말합니다(9절). 당장 이자를 돌려줄 뿐 아니라, 저당 잡히고 빚을 갚지 못해 압류했던 땅을 모두 무상으로 돌려주라고 촉구합니다. 놀랍게도 공동체는 이에 대해 "아멘" 하며 따랐고, 함께 찬양합니다. 왜 성벽이 필요한지를 잘 보여주는 공동체입니다.

게서 이자 받는 것을 그만둡시다. 11 그러니 당신들도 밭과 포
도원과 올리브밭과 집을 오늘 당장 다 돌려주십시오. 돈과 곡
식과 새 포도주와 올리브기름을 꾸어주고서 받는 비싼 이자도,
당장 돌려주십시오." 12 그들은 대답하였다. "모두 돌려주겠습
니다. 그들에게서 아무것도 받지 않겠습니다. 말씀하신 대로
다 하겠습니다." 나는 곧 제사장들을 불러 모으고, 그 자리에서
귀족들과 관리들에게 자기들이 약속한 것을 서약하게 하였다.
13 나는 또 나의 주머니를 털어 보이면서 말하였다. "이 서약을
지키지 않는 사람은, 하나님이 그 집과 재산을 이렇게 다 털어
버리실 것입니다. 그런 자는 털리고 털려서, 마침내 빈털터리가
되고 말 것입니다." 내가 이렇게 말하자, 거기에 모인 모든 사
람이 "아멘!" 하며 주님을 찬양하였다. 백성은 약속을 지켰다.

느헤미야가 녹을 받지 않다

14 ○ 나는 아닥사스다 왕 이십년에 유다 땅 총독으로 임명을
받아서, 아닥사스다 왕 삼십이년까지 십이 년 동안 총독으로
있었지만, 나와 나의 친척들은 내가 총독으로서 받아야 할 녹

본문 중간중간에 기도문이 나옵니다(느 4:4–5, 5:19). 이것은 누가 드린 기도인가요?

느헤미야기의 특징 가운데 하나는 느헤미야 개인이 하나님께 드린 기도문이 곳곳에 등장한다는 점입니다(느 1:4–11; 4:4–5; 5:19; 6:9, 14; 13:14, 22, 29–31). 그런 점에서 느헤미야기의 중요한 내용은 느헤미야 개인이 작성했던 일종의 비망록에서 가져왔을 것이라 추측됩니다. 개인의 메모 곳곳에 이 같은 기도문을 적어두었다는 것은 그의 개혁이 결코 쉽고 간단한 일이 아니었음을 보여줍니다. 빈부격차로 인한 백성의 아우성과 문제 해결 과정에서 얼마든지 귀족 집단의 반발이 있었을 수 있고, 느헤미야의 수하들이 권력을 이용해 백성을 착취하거나 그 와중에 땅을 구입

의 혜택을 받지 않았다. 15 그런데 나보다 먼저 총독을 지낸 이
들은 백성에게 힘겨운 세금을 물리고, 양식과 포도주와 그 밖
에 하루에 은 사십 세겔씩을 백성에게서 거두어들였다. 총독
들 밑에 있는 사람들도 백성을 착취하였다. 그러나 나는 하나
님이 두려워서도 그렇게 하지 않았다. 16 나는 성벽 쌓는 일
에만 힘을 기울였다. 내 아랫사람들도 뜻을 모아서, 성벽 쌓는
일에만 마음을 썼다. 그렇다고 우리가 밭뙈기를 모은 것도 아
니다. 17 나의 식탁에서는, 주변 여러 나라에서 우리에게로 온
이들 밖에도, 유다 사람들과 관리들 백오십 명이 나와 함께 먹
어야 했으므로, 18 하루에 황소 한 마리와 기름진 양 여섯 마
리, 날짐승도 여러 마리를 잡아야 하였다. 또 열흘에 한 차례
씩은, 여러 가지 포도주도 모자라지 않게 마련해야만 하였다.
그런데 내가 총독으로서 마땅히 받아야 할 녹까지 요구하였다
면, 백성에게 얼마나 큰 짐이 되었겠는가!
19 ○ "나의 하나님, 내가 이 백성을 위하여 하는 모든 일을 기
억하시고, 은혜를 베풀어주십시오."

해 부를 도모할 가능성도 있었을 것입니다. 느헤미야는 늘 기도하며 하나님의 도우심만을 구하고, 하나님께서 자신을 알아주고 자신에게 힘 주시기를 구합니다. 그의 기도는 그로 하여금 끝까지 자신의 길을 걸어가게 했을 것입니다.

{ 제6장 }

느헤미야에 대한 음모

1 내가 성벽을 쌓아 올려 무너진 곳을 다 이었다는 말이 산발
랏과 도비야와 아랍 사람 게셈과 그 밖의 우리 원수의 귀에까
지 들어갔다. 그러나 그때까지도 성문들의 문짝은 만들어 달
지 못하고 있었는데, 2 산발랏과 게셈이 나에게 전갈을 보내왔
다. "오노 들판의 한 마을로 오시오. 거기서 좀 만납시다." 나
는 그 말 속에 그들이 나를 해치려는 흉계가 있는 줄 알았으므
로, 3 그들에게 사람을 보내어, 다음과 같이 대답하였다. "나
는 지금 큰 공사를 하고 있으므로, 내려갈 수 없소. 어찌 이 일
을 중단하고, 여기를 떠나서, 당신들에게로 내려가라는 말이
오?" 4 그런데도 그들은 똑같은 것을 네 번씩이나 요구해오고,
그때마다 나도 똑같은 말로 대답하였다. 5 다섯 번째도, 산발
랏이 심부름꾼을 시켜서 같은 내용을 보내왔다. 심부름꾼이
가지고 온 편지는 봉하지 않았는데, 6 그 내용은 다음과 같다.

산발랏을 포함한 무리들은 느헤미야를 매우 집요하게 물고 늘어집니다. 더 쉬운 방법도 많은데 그들은 왜 굳이 느헤미야를 외부로 불러내는 방식을 택했나요? 산발랏과 도비야 일당은 성벽 공사를 중단시키기 위해 온갖 방법과 수단을 다 동원합니다. 4장에서는 공동체 전체를 위협해서 사기를 저하시키고 포기하게 하려고 애썼다면, 6장에서는 느헤미야 개인에게 위협을 가해 포기하게 만들려고 합니다. 그들이 느헤미야를 오노 들판으로 불러내는 까닭은 따로 불러 암살하기 위해서입니다. 느헤미야가 응하지 않자 마지막에는 봉하지 않은 편지를 보내는데, 그 편지에는 느헤미야가 유다에서 왕이 되려 한다는 유언비어가 적혀 있었습니다. 이것은 그 편지 내용을 누구나 보게 해서 저 유언비어가 유다인들 사이에 퍼지게 하려는 목적입니다.

○ 당신과 유다 사람들이 반역을 모의하고 있고, 당신이 성벽을
쌓는 것도 그 때문이라는 소문이 여러 민족 사이에 퍼져 있소.
가스무도 이 사실을 확인하였소. 더구나 이 보고에 따르면, 당
신은 그들의 왕이 되려고 하고 있으며, 7 예루살렘에서 당신을
왕으로 떠받들고서 '유다에 왕이 있다'고 선포하게 할 예언자들
까지 이미 임명하였다는 말을 들었소. 이러한 일은 이제 곧 왕
에게까지 보고될 것이오. 그러니 만나서 함께 이야기합시다.
8 ○ 나는 그에게 회답을 보냈다. "당신이 말한 것은 사실이 아
니오. 당신이 마음대로 생각하여 꾸며낸 것일 뿐이오."
9 ○ 그들은 우리에게 으름장을 놓았다. 그렇게 하면 우리가
겁을 먹고 공사를 중단하여, 끝내 완성을 못할 것이라고 생각
한 것이다.
○ "하나님, 나에게 힘을 주십시오!"
10 ○ 하루는 스마야를 만나려고 그의 집으로 찾아갔다. 그는
들라야의 아들이며, 므헤다벨의 손자인데, 문밖출입을 하지
않고 있었다. 그가 나에게 말하였다. "하나님의 성전으로 갑시
다. 성소 안으로 들어가서, 성소 출입문들을 닫읍시다. 자객들

성소는 어떤 공간이기에, 그곳에 들어가는 것이 죄를 짓는 길이 되나요? 하나님의 성전은 오직 제사장만이 출입할 수 있습니다. 성전은 거룩하신 하나님께서 임하심을 상징하는 장소이기에, 하나님께 나아오도록 정한 제사장만이 들어갈 수 있습니다. 그래서 세상의 어떤 권세나 부귀를 지녔다 하더라도 성전에 들어갈 수 없습니다. 이스라엘의 임금들은 종종 자기가 원하는 대로 성전 제사에 관여하려고 시도했습니다(삼상 13:9-13; 대하 26:16-20). 하나님을 향한 신앙을 개인의 정치적 목적이나 세력 과시의 수단으로 삼으려 했던 것입니다. 만일 느헤미야가 성전으로 피신한다면, 그는 성전을 자신의 안전을 위한 수단으로 삼은 셈이니 훗날 반드시 문제가 될 것입니다. 반대 세력은 이를 통해 느헤미야의 도덕성에 흠집을 내고 그의 리더십을 약화시키고자 했습니다.

이 그대를 죽이러 올 것입니다. 그들이 밤에 와서, 반드시 그
대를 죽일 것입니다." 11 나는 대답하였다. "나 같은 사람더러
도망이나 다니란 말입니까? 나 같은 사람이 성소에 들어갔다
가는 절대로 살아나올 수 없습니다. 나는 그렇게는 못합니다."
12 나는 그때에 그가 하나님이 보내신 예언자가 아니라는 것을
알았다. 그는 도비야와 산발랏에게 매수되어서, 나를 해치는
예언을 하였다. 13 그들이 스마야를 매수한 것은, 나에게 겁을
주어 성소를 범하는 죄를 짓게 하여서, 나의 명예를 떨어뜨리
고 나를 헐뜯으려는 속셈이었다.
14 ○ "나의 하나님, 도비야와 산발랏이 한 일을 잊지 마십시
오. 예언자 노아댜와 그 밖에 나에게 겁을 주려고 한 예언자들
이 나에게 한 일을 잊지 마십시오."

성벽 공사가 끝나다

15 ○ 성벽 공사는 오십이 일 만인 엘룰월 이십오일에 끝났다.
16 우리의 모든 원수와 주변의 여러 민족이 이 소식을 듣고,
완공된 성벽도 보았다. 그제서야 우리의 원수는, 이 공사가 우

성벽 공사를 계속 방해하는 도비야는 유다인들 가운데 상당한 영향력이 있는 것 같습니다. 도비야는 어떤 사람입니까? 도비야라는 이름은 "주님은 나의 복"이라는 멋진 의미를 지녔습니다. 그로 보건대 도비야 역시 주 하나님을 믿는 사람이었고, 유다의 상류층과 결혼을 통해 단단히 연결되어 있었습니다. 느헤미야가 총독으로 성벽 재건을 실행해가는 와중에도 도비야와 연관된 상류층은 끊임없이 느헤미야를 찾아와 도비야를 칭찬하고, 느헤미야 개혁의 내부 사정을 도비야에게 다 일러주며 느헤미야 체제를 위협했습니다. 도비야가 유다 사회에 굉장한 영향력을 지녔음을 보여주는데, 이 가문은 이후로도 수백 년 동안 유다 사회에 힘을 발휘했습니다. 도

리 하나님의 도움으로 이루어진 것임을 깨달았다. 그래서 그
들은 기가 꺾였다.
17 ○ 그 무렵에 유다의 귀족들이 도비야에게 편지를 자주 보
내고, 도비야도 그들에게 편지를 보내곤 하였다. 18 도비야는
아라의 아들인 스가냐의 사위인 데다가, 도비야의 아들 여호
하난도 베레갸의 아들인 므술람의 딸과 결혼하였으므로, 유다
에는 그와 동맹을 맺은 사람들이 많았다. 19 그들은, 내 앞에
서도 서슴없이 도비야를 칭찬하고, 내가 하는 말은 무엇이든
지 다 그에게 일러바쳤다. 그래서 도비야는 나에게 협박 편지
를 여러 통 보내서 위협하였다.

비야와 연결된 귀족과 상류층 사람들에게는 유다 공동체의 재건과 회복보다는 자신들의 기득권을 지키는 일이 훨씬 더 중요했습니다. 권력과 부를 지닌 이들이 결혼으로 서로 동맹을 맺고 자신들의 기득권을 대대로 유지하는 일은 과거나 오늘날이나 한결같습니다.

{ 제7장 }

느헤미야가 지도자들을 세우다

1 성벽을 다시 쌓고, 문들을 제자리에 단 다음에, 나는 성전 문
지기와 노래하는 사람과 레위 사람을 세우고 2 나의 아우 하나
니와 성채 지휘관 하나냐에게 예루살렘 경비를 맡겼다. 하나
냐는 진실한 사람이고, 남다르게 하나님을 두려워하는 사람이
었다. 3 나는 그들에게 일렀다. "해가 떠서 환해지기 전에는 예
루살렘 성문들을 열지 말고, 해가 아직 높이 있을 때에, 성문
들을 닫고 빗장을 지르도록 하시오. 예루살렘 성 사람들로 경
비를 세우시오. 일부는 지정된 초소에서, 일부는 자기들의 집
가까이에서 경비를 서게 하십시오."

포로에서 돌아온 사람들(라 2:1-70)

4 ○ 성읍은 크고 넓으나, 인구가 얼마 안 되고, 제대로 지은
집도 얼마 없었다. 5 귀족들과 관리들과 일반 백성을 모아서

성벽 건축이 마무리되자 느헤미야는 예루살렘 경비 문제에 신경을 씁니다. 여전히 밖으로부터 위협이 있었던 건가요? 6장 마지막은 유다의 귀족들이 도비야와 결혼 관계를 비롯해 단단히 연결되어 있었고, 성벽 공사 내내 도비야에게 정보를 빼돌릴 뿐 아니라 느헤미야를 위협했었음을 알려줍니다. 성벽은 일단 완공되었지만, 느헤미야와 공동체에 맞서는 세력의 위협은 결코 끝났다고 말할 수 없을 것입니다. 언제나 개혁과 변화를 두려워하는 이들의 반대와 저항은 무척이나 집요하고 지속적입니다. 성벽 완공은 일차적인 진전이고, 이제 느헤미야는 공동체를 단단하게 지키고 보호하기 위해 애씁니다. 느헤미야 혼자 할 수 있는 일이 아니기에 그는 적절한 자리에 사람들을 세웁니다.

가족별로 등록시키도록, 나의 하나님이 나의 마음을 감동시키
셨다. 마침, 나는 일차로 돌아온 사람들의 가족별 등록부를 찾
았는데, 거기에는 다음과 같이 적혀 있다.
6 ○ 바빌론 왕 느부갓네살에게 사로잡혀 바빌로니아로 끌려
간 사람들 가운데서, 많은 사람들이 바빌로니아 각 지방을 떠
나 제 고향 땅 예루살렘과 유다로 돌아왔다. 7 그들은 스룹바
벨과 예수아와 느헤미야와 아사랴와 라아먀와 나하마니와 모
르드개와 빌산과 미스베렛과 비그왜와 느훔과 바아나가 돌아
올 때에 함께 돌아왔다.
○ 이스라엘 백성의 명단과 수는 다음과 같다.
8 ○ 바로스 자손이 이천백칠십이 명이요, 9 스바댜 자손이 삼
백칠십이 명이요, 10 아라 자손이 육백오십이 명이요, 11 바
핫모압 자손 곧 예수아와 요압 자손이 이천팔백십팔 명이요,
12 엘람 자손이 천이백오십사 명이요, 13 삿두 자손이 팔백사
십오 명이요, 14 삭개 자손이 칠백육십 명이요, 15 빈누이 자손
이 육백사십팔 명이요, 16 브배 자손이 육백이십팔 명이요,

어떤 일을 할 때 하나님이 내 마음을 감동시켰다는(5절) 이유를 다는 것은 사람의 입장에서 나온 매우 위험한 발언 아닌가요? 우리말로는 조금 다르게 번역되었지만, 같은 표현을 2장 12절에서도 볼 수 있습니다. 앞서 언급했듯이 느헤미야는 자신의 결정과 선택, 귀환, 성벽 건설 등의 모든 과정을 비망록으로 적었습니다. 예루살렘에 돌아와서 곧바로 예루살렘의 형편을 돌아보기로 한 일과 성벽을 지은 후 인구조사를 위해 모든 사람을 가족별로 등록하기로 한 일을 두고, 느헤미야는 자신의 지혜가 아니라 하나님께서 마음을 주신 것이라고 여겼고 비망록에 이렇게 적어두었습니다. 자신의 주장을 정당화하고 남의 비판을 봉쇄하느라 저 같은 표현을 사용하는 것은 매우 위험하며 부당하겠지만, 지금 느헤미야는 자신의 비망록에 적고 있습니다. 그렇기에 이 내용은 하나님의 지혜임을 고백하는 겸손함, 그리고 하나님과 함께 걷고자 하는 신중함의 표현으로 이해할 수 있습니다.

17 아스갓 자손이 이천삼백이십이 명이요, 18 아도니감 자손
이 육백육십칠 명이요, 19 비그왜 자손이 이천육십칠 명이요,
20 아딘 자손이 육백오십오 명이요, 21 아델 자손 곧 히스기야
자손이 구십팔 명이요, 22 하숨 자손이 삼백이십팔 명이요,
23 베새 자손이 삼백이십사 명이요, 24 하립 자손이 백십이 명
이요, 25 기브온 자손이 구십오 명이다.
26 ○ 베들레헴 사람과 느도바 사람이 백팔십팔 명이요, 27 아
나돗 사람이 백이십팔 명이요, 28 벧아스마웻 사람이 사십이 명
이요, 29 기럇여아림과 그비라와 브에롯 사람이 칠백사십삼 명
이요, 30 라마와 게바 사람이 육백이십일 명이요, 31 믹마스 사
람이 백이십이 명이요, 32 베델과 아이 사람이 백이십삼 명이요,
33 ○ 느보의 다른 마을 사람이 오십이 명이요, 34 엘람의 다
른 마을 사람이 천이백오십사 명이요, 35 하림 사람이 삼백이
십 명이요, 36 여리고 사람이 삼백사십오 명이요, 37 로드와
하딧과 오노 사람이 칠백이십일 명이요, 38 스나아 사람이 삼

귀환자들의 명단이 나옵니다. 이때 귀환한 이들은 얼마나 되며, 이들은 고향을 떠난 지 얼마 만에 돌아온 것인가요? 이 귀환자 명단은 '일차로 돌아온 사람들'의 명단이며, 에스라기 2장에 나오는 명단과 거의 일치합니다. 주전 597년 여호야긴 임금이 처음으로 바빌로니아의 포로가 되어 끌려갈 때 많은 이들이 함께 끌려갔습니다. 그리고 그로부터 10년 후인 주전 587년 예루살렘이 최종적으로 바빌로니아에게 멸망하면서 또 많은 이들이 포로로 갔고, 주전 583년에도 그 같은 포로 사건이 발생했습니다(렘 52:28-30). 주전 538년 페르시아의 고레스 임금이 중동 전역을 장악한 후 포로 귀환을 허락했고, 그때부터 유다인들은 유다 지역으로 돌아올 수 있었습니다. 바빌로니아 지역에서 이미 수십 년 넘게 살았기에 모든 유다인이 다 돌아간 것은 아니지만, 적지 않은 이들이 귀환했습니다. 에스라기와 느헤미야기 기록에 따르면 4만 2,360명이 귀환했다고 나옵니다(라 2:64; 느 7:66). 이러한 귀환은 538년에만 일시적으로 이루어진 것이 아니라 이후로도 계속해서 조금씩 이동이 이루어졌습니다.

천구백삼십 명이다.
39 ○ 제사장은, 예수아 집안 여다야 자손이 구백칠십삼 명이
요, 40 임멜 자손이 천오십이 명이요, 41 바스훌 자손이 천이
백사십칠 명이요, 42 하림 자손이 천십칠 명이다.
43 ○ 레위 사람은, 호드야의 자손들인 예수아와 갓미엘 자손
이 칠십사 명이요, 44 노래하는 사람은, 아삽 자손이 백사십
팔 명이요, 45 성전 문지기는, 살룸 자손과 아델 자손과 달문
자손과 악굽 자손과 하디다 자손과 소배 자손인데, 백삼십팔
명이다.
46 ○ 성전 막일꾼은, 시하 자손과 하수바 자손과 답바옷 자
손과 47 게로스 자손과 시아 자손과 바돈 자손과 48 르바나
자손과 하가바 자손과 살매 자손과 49 하난 자손과 깃델 자손
과 가할 자손과 50 르아야 자손과 르신 자손과 느고다 자손과
51 갓삼 자손과 웃사 자손과 바세아 자손과 52 베새 자손과
므우님 자손과 느비스심 자손과 53 박북 자손과 하그바 자손
과 할훌 자손과 54 바슬릿 자손과 므히다 자손과 하르사 자손

이 장에 실린 명단은 에스라기 2장에 실린 명단과 거의 같아 보입니다. 비슷한 두 명단을 왜 반복적으로 실어둔 걸까요? 에스라기와 느헤미야기에는 명단이 여러 번 나오고, 특히 에스라기 2장과 느헤미야기 7장은 거의 같은 명단을 반복해서 실었습니다. 두 명단에 차이도 있습니다. 중요한 차이라면, 느헤미야기 7장 70절에는 건축 기금을 내놓는 우두머리와 총독의 기부금이 언급되는 반면, 에스라기 2장 68절에는 성전 건축에 대한 내용이 좀 더 자세하게 언급되고 총독에 대한 언급이 없습니다. 그래서 에스라기의 내용은 에스라기 3장부터 전개되는 성전 건축 이야기와 잘 들어맞고, 느헤미야기 본문은 느헤미야 이전 시기의 총독을 언급함으로써 느헤미야의 총독으로서의 활동을 떠올리게 해서 잘 어울립니다. 전반적으로 에스라기-느헤미야기에 실린 명단은 현재 개혁을 진행하는 이들이 처음 돌아온 공동체에서 비롯되었다는 연속성을 강조한다고 볼 수 있습니다.

과 55 바르고스 자손과 시스라 자손과 데마 자손과 56 느시
야 자손과 하디바 자손이다.
57 ○ 솔로몬을 섬기던 종들의 자손은, 소대 자손과 소베렛
자손과 브리다 자손과 58 야알라 자손과 다르곤 자손과 깃델
자손과 59 스바댜 자손과 핫딜 자손과 보게렛하스바임 자손
과 아몬 자손이다.
60 ○ 이상 성전 막일꾼과 솔로몬을 섬기던 종의 자손은 모
두 삼백구십이 명이다. 61 이 밖에 델멜라와 델하르사와 그룹
과 앗돈과 임멜 등 여러 곳에서 사람들이 왔지만, 가문이 밝
혀지지 않아서, 그들이 이스라엘의 자손인지 아닌지는 알 길
이 없었다. 62 그들은, 들라야 자손과 도비야 자손과 느고다
자손인데, 모두 육백사십이 명이다.
63 ○ 제사장 가문 가운데는 호바야 자손과 학고스 자손과
바르실래 자손도 있는데, 이들 가운데서 바르실래는 길르앗
지방 사람인 바르실래 집안으로 장가를 들어서, 장인의 이름
을 이어받은 사람이다. 64 족보를 뒤져보았지만, 그들은 그
조상이 확인되지 않았으므로, 제사장 직분을 맡기에는 적합
하지 않다고 생각해서, 그 직분을 맡지 못하게 하였다. 65 유

자손, 지역, 맡은 일 등등에 따라 돌아온 사람을 기록하고 있는데, 이런 기록이 말해주는 의미는 무엇인가요? 왜 어떤 이들은 조상의 이름으로 언급되고, 어떤 이들은 지역의 이름으로 언급되는지 알 수 없습니다. 애초에 귀환할 때부터 그런 방식으로 달리 등록되었을 것이라 추측되는데, 어쩌면 지역 이름으로 등록된 이들은 변변한 가문이 아니고 포로로 끌려가기 전에 땅도 소유하지 못한 가난한 백성이었을 수 있습니다. 7절에 따르면 열두 명의 사람들과 함께 이스라엘 백성이 돌아왔다고 소개합니다. 그 옛날 이집트를 벗어나 하나님께서 약속하신 땅으로 온 이스라엘 열두 지파가 돌아오듯이, 바빌론으로부터 '온 이스라엘'이 귀환한다는 것을 상징적으로 보여주기 위해 의

다 총독은 그들에게, 우림과 둠밈을 가지고 판결을 내릴 제사
장이 나타날 때까지는, 가장 거룩한 음식은 먹지 말라고 명령
하였다.
66 ○ 돌아온 회중의 수는 모두 사만 이천삼백육십 명이다.
67 그들이 부리던 남녀종이 칠천삼백삼십칠 명이요, 그 밖에
노래하는 남녀가 이백사십오 명이다. 68 또 말이 칠백삼십육
마리요, 노새가 이백사십오 마리요, 69 낙타가 사백삼십오 마
리요, 나귀가 육천칠백이십 마리이다.
70 ○ 가문의 우두머리 가운데는 건축 기금을 내놓는 사람들
이 있었다. 총독도 금 천 다릭과 쟁반 오십 개와 제사장 예복
오백삼십 벌을 창고에 들여놓았다. 71 각 가문의 우두머리들이
공사를 위하여 창고에 바친 것은, 금이 이만 다릭이요, 은이 이
천이백 마네였다. 72 나머지 백성이 바친 것은, 금이 이만 다
릭이요, 은이 이천 마네요, 제사장의 예복이 육십칠 벌이다.
73 ○ 제사장들과 레위 사람들과 성전 문지기들과 노래하는
사람들과 백성 가운데 일부와 성전 막일꾼들과 나머지 이스라
엘 사람들은, 저마다 고향에 자리를 잡았다.

도적으로 열두 명의 지도자의 이름이 언급되었을 것입니다. 이 명단의 마지막 부분은 제사장, 레위인, 성전 일꾼입니다. 이집트를 떠난 이스라엘이 광야에서 인구를 셀 때도 일반 백성의 숫자를 세고, 다음에는 레위 지파의 숫자를 세었습니다(민 1–4장). 이 점에서도 이 명단은 새로운 시작을 알리기 위해 의도적으로 출애굽 사건 때의 명단을 본뜨고 있다고 볼 수 있습니다.

○ 이스라엘 자손이 그렇게 여러 마을에 흩어져서 살고 있었다. 일곱째 달이 되었을 때에,

{ 제8장 }

1 모든 백성이 한꺼번에 수문 앞 광장에 모였다. 그들은 학자
에스라에게, 주님께서 이스라엘에게 명하신 모세의 율법책을
가지고 오라고 청하였다. 2 일곱째 달 초하루에 에스라 제사장
은 율법책을 가지고 회중 앞에 나왔다. 거기에는, 남자든 여자
든, 알아들을 만한 사람은 모두 나와 있었다. 3 그는 수문 앞
광장에서, 남자든 여자든, 알아들을 만한 모든 사람에게 새벽
부터 정오까지, 큰 소리로 율법책을 읽어주었다. 백성은 모두
율법책 읽는 소리에 귀를 기울였다.
4 ○ 학자 에스라는 임시로 만든 높은 나무 단 위에 섰다. 그

느헤미야와 에스라는 동시대의 인물이었나요? 에스라기의 이야기와 비슷하게 흘러가는 것 같은데요. 에스라는 아닥사스다 7년에 귀국했고(주전 457년), 느헤미야는 아닥사스다 20년(주전 444년)에 귀국했습니다. 에스라가 먼저 돌아왔음에도 불구하고, 느헤미야기 앞부분에는 그에 대해 전혀 언급하지 않아서 이상합니다. 그래서 학자들은 에스라가 귀국한 내용을 다룬 에스라기 7–8장 다음에 느헤미야기 8장이 이어지고, 그다음 에스라기 9–10장, 느헤미야기 9–10장이 이어진다고 보기도 합니다. 오늘날 우리가 지닌 성경에는 에스라기와 느헤미야기가 분리되어 있지만, 적어도 느헤미야기 8장은 귀환 공동체의 개혁이 하나님의 율법을 맡아서 선포하는 에스라와 총독 느헤미야의 협력으로 진행되었음을 잘 보여줍니다.

오른쪽으로는 맛디댜와 스마와 아나야와 우리야와 힐기야와
마아세야가 서고, 왼쪽으로는 브다야와 미사엘과 말기야와 하
숨과 하스밧다나와 스가랴와 므술람이 섰다. 5 학자 에스라는
높은 단 위에 서 있었으므로, 백성들은 모두, 그가 책 펴는 것
을 볼 수 있었다. 에스라가 책을 펴면, 백성들은 모두 일어섰
다. 6 에스라가 위대하신 주 하나님을 찬양하면, 백성들은 모
두 손을 들고 "아멘! 아멘!" 하고 응답하고, 엎드려 얼굴을 땅
에 대고 주님께 경배하였다. 7 레위 사람인 예수아와 바니와
세레뱌와 야민과 악굽과 사브대와 호디야와 마아세야와 그리
다와 아사랴와 요사밧과 하난과 블라야는, 백성들이 제자리에
서 있는 동안에, 그들에게 율법을 설명하여주었다. 8 하나님
의 율법책이 낭독될 때에, 그들이 통역을 하고 뜻을 밝혀 설명
하여주었으므로, 백성은 내용을 잘 알아들을 수 있었다.
9 ○ 백성은 율법의 말씀을 들으면서, 모두 울었다. 그래서 총
독 느헤미야와, 학자 에스라 제사장과, 백성을 가르치는 레위
사람들이, 이날은 주 하나님의 거룩한 날이니, 슬퍼하지도 말
고 울지도 말라고 모든 백성을 타일렀다. 10 느헤미야는 그들

백성들의 눈물의 의미는 무엇인가요? 8장에서 벌어지는 모든 변화는 에스라와 느헤미야에 의해 주도된 것이 아니라, 하나님의 율법을 알고자 하는 백성의 요구에서 시작됩니다(1, 13절). 그래서 에스라와 레위인의 도움으로 히브리어로 기록된 하나님의 율법을 당시의 일상 언어인 아람어로 이해하게 되었을 때 백성들은 눈물을 흘렸습니다. 크게 기뻐하고 크게 즐거워하였다는 표현이 반복되는데(12, 17절), 하나님의 말씀을 밝히 알게 되고 그래서 그 말씀을 제대로 지킬 수 있으니 기쁘고 즐거운 것입니다. 결국 백성의 눈물은 하나님의 말씀에 무지했던 시절에 대한 회한, 그리고 이제라도 말씀을 듣고 그 의미를 밝히 알게 됨으로 인한 기쁨이 온통 뒤섞인 의미였을 겁니다. 진리를 깨닫는다는 것은 참으로 눈물 나는 경험이기도 합니다.

에게 말하였다. "돌아들 가십시오. 살진 짐승들을 잡아 푸짐하
게 차려서, 먹고 마시도록 하십시오. 아무것도 차리지 못한 사
람들에게는, 먹을 몫을 보내주십시오. 오늘은 우리 주님의 거
룩한 날입니다. 주님 앞에서 기뻐하면 힘이 생기는 법이니, 슬
퍼하지들 마십시오."
11 ○ 레위 사람들도 모든 백성을 달래면서, 오늘은 거룩한 날
이니, 조용히 하고, 슬퍼하지 말라고 타일렀다. 12 모든 백성
은 배운 바를 밝히 깨달았으므로, 돌아가서 먹고 마시며, 없는
사람들에게는 먹을 것을 나누어주면서, 크게 기뻐하였다.
13 ○ 이튿날에 모든 백성을 대표하는 각 가문의 어른들이 제
사장들과 레위 사람들과 함께 율법의 말씀을 밝히 알고자 하
여, 학자 에스라에게로 갔다. 14 그들은, 이스라엘 자손은 일
곱째 달 축제에는 초막에서 지내도록 하라는, 주님께서 모세
를 시켜서 명하신 말씀이, 율법에 기록되어 있는 것을 발견하
였다. 15 또한 그들은 책에, 산으로 가서 올리브나무와 들올
리브나무와 소귀나무와 종려나무와 참나무의 가지를 꺾어다

포로로 잡혀가 있던 동안, 이스라엘 백성들은 율법책도 읽을 수 없고, 전통 절기를 지키는 일 같은 것도 전혀 할 수 없었나요? 포로기 동안 이스라엘의 율법이 수집되고 편집되는 일이 있었지만, 이방 땅에서 살아가는 현실은 율법을 충분히 듣고 지킬 수 있는 여건이 아니었습니다. 초막절을 비롯한 연례 절기의 경우 예루살렘 성전에 모여 진행하도록 규정되었기에(출 23:14-17; 신 16:16), 포로기 동안에는 아예 지킬 수 없었을 겁니다. 가정 단위로 지킬 수 있는 안식일이 포로기 동안 가장 중요한 절기였다고 할 수 있습니다. 특히 나뭇가지로 만든 집을 짓는 초막절의 경우, 온 이스라엘이 출애굽 때를 기억하며 일주일간 지키는 절기인지라 귀환 공동체로서는 더욱 특별했습니다. 서로 간에 빈부격차로 갈등도 있었지만, 함께 성벽을 완공했고, 함께 비슷비슷한 나뭇가지 집에 거하면서, 하나님의 율법을 지키는 하나의 공동체임을 확인하는 기회였을 겁니다.

가 초막을 짓도록 하라는 말이 기록되어 있기 때문에, 그 말
을 이스라엘 자손이 사는 모든 마을과 예루살렘에 널리 알려
야 한다는 것을 알게 되었다.
16 ○ 그래서 백성은 나가서, 나뭇가지를 꺾어다가, 지붕 위
와 마당과 하나님의 성전 뜰과 수문 앞 광장과 에브라임 문
앞 광장에 초막을 세웠다. 17 사로잡혀 갔다가 돌아온 모든
사람이 초막을 세우고 거기에 머물렀다. 눈의 아들 여호수아
때로부터 그날까지, 이렇게 축제를 즐긴 일이 없었으므로, 이
스라엘 자손은 크게 즐거워하였다. 18 에스라는 첫날로부터
마지막 날까지, 날마다 하나님의 율법책을 읽어주었다. 백성
은 이레 동안 절기를 지키고, 여드레째 되는 날에는 규례대로
성회를 열었다.

{ 제9장 }

백성들이 죄를 뉘우치다

1 그달 이십사일에, 이스라엘 자손이 다 모여서 금식하면서,
굵은 베옷을 입고, 먼지를 뒤집어썼다. 2 이스라엘 자손은 모
든 이방 사람과 관계를 끊었다. 그들은 제자리에 선 채로 자신
들의 허물과 조상의 죄를 자백하였다. 3 모두들 제자리에서 일
어나서, 낮의 사분의 일은 주 하나님의 율법책을 읽고, 또 낮
의 사분의 일은 자기들의 죄를 자백하고, 주 하나님께 경배하
였다. 4 단 위에는 레위 사람인 예수아와 바니와 갓미엘과 스
바냐와 분니와 세레뱌와 바니와 그나니가 올라서서, 주 하나
님께 큰 소리로 부르짖었다.
5 ○ 레위 사람인 예수아와 갓미엘과 바니와 하삽느야와 세레
뱌와 호디야와 스바냐와 브다히야가 외쳤다.
○ "모두 일어나서, 주 너희의 하나님을 찬양하여라."

모든 이방 사람들과 관계를 끊었다(2절)는 말은 어떤 의미인가요? 이방 사람과의 단절에 대해 느헤미야기 1–8장 내용에서는 전혀 언급이 없습니다. 우리말로는 알기 어렵지만, 1절에서 '자손'이라 옮겨진 히브리어는 '씨'인데, 이스라엘을 이렇게 표현하는 것을 에스라기 9장 2절에서 볼 수 있습니다. 이방 사람과 관계를 끊는 문제 역시 에스라기 9장 1절과 10장 11절에서 볼 수 있는 것이기도 합니다. 그래서 많은 학자들은 실제로는 에스라기 9–10장 내용이 느헤미야기 9–10장과 연결되어 있다고 생각합니다. 그러나 저자는 느헤미야기 8장 다음에 9–10장을 배열함으로써, 하나님의 율법을 듣고 깨달은 백성이 그에 힘입어 자신들의 모든 삶을 그 말씀에 따라 올바르게 바로잡기로 결단했음을 강렬하게 보여줍니다. 그럴 때 현재 위치에서 2절 표현은 이방과의 결혼 관계를 단절하는 것에서 더 나아가 산발랏과 도비야 같은 이들에게 의존하지 않겠다는 것을 포함합니다.

죄를 자백하는 기도

○ 영원 전부터 영원까지, 주님의 영화로운 이름은 찬양을 받
아 마땅합니다. 어떠한 찬양이나 송축으로도, 주님의 이름을
다 기릴 수가 없습니다. 6 주님만이 홀로 우리의 주님이십니다.
주님께서는 하늘과, 하늘 위의 하늘과, 거기에 딸린 별들을 지
으셨습니다. 땅과 그 위에 있는 온갖 것, 바다와 그 안에 있는
온갖 것들을 지으셨습니다. 주님께서는 이 모든 것에게 생명을
주십니다. 하늘의 별들이 주님께 경배합니다. 7 주 하나님께서
는, 아브람을 택하시어 바빌로니아의 우르에서 이끌어내시고,
그의 이름을 아브라함이라고 고쳐서 부르셨습니다. 8 아브라
함의 마음이 주님 앞에서 진실함을 아시고, 가나안 사람과 헷
사람과 아모리 사람과 브리스 사람과 여부스 사람과 기르가스
사람의 땅을 그 자손에게 주시겠다고, 그와 언약을 세우셨습니
다. 주님께서는 의로우셔서, 말씀하신 것을 지키셨습니다.
9 ○ 주님께서는 우리 조상이 이집트에서 고난받는 것을 보시

레위 사람이 중요한 역할을 하고 있는 것으로 보입니다. 그들은 어떤 사람들인가요?

레위 사람은 이스라엘 열두 지파 가운데 하나님을 예배하는 일을 중심으로 성전 관련 업무를 전담한 지파에 속한 남성을 가리킵니다. 이들 가운데 아론 자손은 대대로 제사장이었고, 아론 자손이 아닌 레위 지파 사람들은 레위인으로 성전에 관련된 그 밖의 일을 맡았습니다. 거기에는 문지기와 노래하는 일을 비롯해서, 하나님의 율법 말씀을 낭독하며 하나님께 드리는 예배를 이끄는 역할도 있었습니다. 8장의 경우 에스라가 매우 중요한 역할을 맡았지만, 그때도 에스라가 히브리어로 된 율법을 읽으면 서 있는 백성들 주변에 흩어져 있던 레위인들이 당대 백성들이 이해할 수 있는 아람어로 통역을 했습니다(느 8:8). 9장에서는 에스라의 역할이 전혀 보이지 않습니다. 그래서 9장은 공동체의 변화를 가져오는 개혁이 특정한 한두 사람이 아니라 여러 레위인을 비롯한 공동체 전부에 의해 이루어졌음을 보여줍니다.

고, 홍해에서 부르짖을 때에 들어주셨습니다. 10 이집트 사람
들이 우리 조상을 업신여기는 것을 아시고, 이적과 기사를 베
푸셔서, 바로와 그의 모든 신하와 그 나라 온 백성을 치셨으
며, 그때에 떨치신 명성이 오늘까지 이릅니다. 11 조상 앞에
서 바다를 가르시고, 그들이 바다 한가운데를 마른 땅처럼 지
나가게 하셨지만, 뒤쫓는 자들은, 깊은 바다에 돌이 잠기듯이,
거센 물결에 잠기게 하셨습니다.

12 ○ 낮에는 구름기둥으로 그들을 이끌어주시고, 밤에는 불
기둥으로 그들이 가는 길을 밝히 비추어주셨습니다. 13 몸소
시내산에 내려오시며, 하늘에서 그들에게 말씀하셔서, 바른
규례와 참된 율법, 좋은 율례와 계명을 주셨습니다. 14 주님의
거룩한 안식일을 알려주시고, 주님의 종 모세를 시키셔서 계
명과 규정과 율법을 가르쳐주셨습니다.

15 ○ 굶주릴까 봐 하늘에서 먹거리를 내려주시고, 목마를까
봐 바위에서 물이 솟아나게 하셨습니다. 주님께서 손을 들어
맹세하며 주시겠다고 한 그 땅에 들어가서, 그곳을 차지하라
고 말씀하셨습니다. 16 그러나 우리 조상은 거만하여, 목이

하나님이 직접 산으로 내려와 말씀을 주고, 여러 지침을 가르쳐주었다고 하는데 (13-14절), 그건 언제 있었던 무슨 일을 말하는 건가요? 레위인이 중심이 되어 드린 공동체 기도문이 5절 후반부터 37절까지 이어지는데, 그 첫 부분인 6-11절은 천지창조, 아브라함을 선택하심, 이집트에서 건져내심을 통해 하나님께서 조상에게 베푸신 구원과 복을 서술합니다. 그에 이어 12절부터 21절까지는 이집트를 떠나 광야를 행군하던 시기를 길게 다루는데, 이 시기 역시 하나님께서 베푸신 은혜로 시작합니다. 그 은혜 가운데 하나가 광야 행군 초기 시내산에서 주신 율법입니다. 구약성경의 출애굽기 19-40장이 그 내용을 다루는데, 하나님께서 시내산에 강림하셔서 그리로 부른 모세에게 하나님의 율법과 계명을 일러주셨고, 시내산을 내려온 모세는 이를 백성들에게 가르쳤습니다.

뻣뻣하고 고집이 세어서, 주님의 명령을 지키지 않았습니다.
17 주님께 복종하기를 거부하고, 주님께서 보여주신 그 놀라운
일들을 곧 잊었습니다. 뻣뻣한 목에 고집만 세어서, 종살이하
던 이집트로 되돌아가려고, 반역자들은 우두머리를 세우기까
지 하였습니다. 그러나 주님은 용서하시는 하나님, 은혜로우시
며, 너그러우시며, 좀처럼 노여워하지 않으시며, 사랑이 많으셔
서, 그들을 버리지 않으셨습니다. 18 더욱이, 우리 조상은, 금
붙이를 녹여서 송아지 상을 만들고는 '우리를 이집트에서 이끌
어내신 우리의 하나님이다' 하고 외치고, 주님을 크게 모독하
였습니다. 19 그런데도 주님께서는 언제나 그들을 불쌍히 보셔
서, 차마 그들을 광야에다가 내다 버리지 못하셨습니다. 낮에
는 줄곧 구름기둥으로 그들을 이끌어주시고, 밤에는 불기둥으
로 그들이 가는 길을 밝히 비추어주셨습니다. 20 선한 영을 주
셔서, 그들을 슬기롭게 하셨습니다. 그들의 입에 만나가 끊이
지 않게 하시며, 목말라 할 때에 물을 주셨습니다. 21 광야에서
사십 년 동안이나 돌보셔서, 그들이 아쉬운 것 없게 하셨습니
다. 옷이 해어지지도 않았고, 발이 부르트지도 않았습니다.

이스라엘 백성은 자신들을 거듭 "목이 뻣뻣하고 고집이 세다"고 표현합니다. 이렇게 말한 이유가 궁금합니다. 이 기도문은 느헤미야 시기, 즉 주전 5세기 중후반 유다 땅의 귀환 공동체가 드리는 고백입니다. 공동체가 함께 드리는 고백을 통해 공동체는 자신들이 처한 현재의 참상이 하나님의 잘못이 아니라 전적으로 자신들과 조상들의 죄악으로 인한 것임을 고백합니다. 그래서 광야 행군 이래 어떻게 조상들이 하나님을 거역했는지를 서술하는데, 조상들과 자신들을 가리키는 단적인 표현이 도무지 하나님 앞에 고개 숙이지 않는 뻣뻣한 목, 그리고 자신들의 뜻만 내세우고 하나님의 율법에는 귀 기울이지 않고 따르지 않는 고집스러움입니다. 대개 자신들의 과거와 조상을 미화하기 쉽지만, 이스라엘은 과거를 매우 비판적으로 서술합니다. 그럴 때 지금 어떻게 살아야 할지가 분명해질 것입니다.

22 ○ 여러 나라와 민족들을 우리 조상에게 굴복시키셔서, 우
리 조상이 시혼 땅 곧 헤스본 왕의 땅과 바산 왕 옥의 땅을 차
지하고, 그것을 나누어서 변방으로 삼았습니다. 23 주님께서
는 우리 조상의 자손을 하늘의 별만큼이나 불어나게 하시고,
조상들에게 말씀하신 땅으로 인도하셔서, 그곳을 차지하게 하
셨습니다. 24 자손이 들어가서 그 땅을 차지할 때에, 그 땅에
살던 가나안 사람들을 그 자손에게 굴복시키고, 왕들과 그 땅
의 백성마저 자손이 좋을 대로 하게 하셨습니다. 25 자손은 요
새화된 성채들과 기름진 땅을 차지하였습니다. 온갖 좋은 것
으로 가득 찬 집과 이미 파놓은 우물과 포도원과 올리브밭과
과일이 흐드러지게 열리는 나무를 차지하였습니다. 그들은 먹
고 만족하게 생각했으며, 살이 쪘습니다. 주님께서 주신 그 큰
복을 한껏 누렸습니다.
26 ○ 그런데도 그들은 순종하지 않고, 오히려 주님께 반역하
였으며, 주님께서 주신 율법을 등졌습니다. 주님께로 돌아가
라고 타이르던 예언자들을 죽이기까지 하였습니다. 이렇듯 엄

광야에서 40년 동안 헤매다 좋은 땅을 차지하고 큰 복을 누리며 살게 되었다면, 하나님을 잘 따르며 사는 것이 자연스러운 이치일 텐데, 그들은 왜 순종하지 않고 반역의 길을 택했나요? 복을 누리게 되었을 때 감사하며 순종하는 것이 자연스러울까요? 살 만해지면 이제껏 이룬 모든 것이 하나님의 은혜로 주어진 것이 아니라 다 내 힘으로 해낸 것이고 내가 잘나서 이룬 것이라는 교만과 착각이 생겨나는 것은 고대 이스라엘만의 일은 아닐 겁니다. 넉넉해지자 딴생각을 하며 못된 짓을 하는 것은 지금도 곳곳에서 아주 쉽게 볼 수 있습니다. 이런 일은 국가에도 발생해서, 국력이 강해지면 다른 약한 나라를 짓밟고 침략하는 못된 제국주의적 행태를 저지르는 나라들이 유사 이래 드물지 않습니다. 놀랍게도 이런 일을 계속 반복한다는 것이 우리네 인생의 참 안타까운 어리석은 모습이기도 합니다. 이 고백에 나타난 이스라엘의 행태는 그야말로 오늘날 우리 모습을 적나라하게 보여줍니다.

청나게 주님을 욕되게 하였습니다.
27 ○ 주님께서는 그들을 원수들의 손에 내맡기시어 억압을 받
게 하셨습니다. 그러나 억눌림을 받고 주님께 부르짖으면, 주
님께서는 하늘에서 들으시고, 그들을 끔찍이도 불쌍히 여기시
어, 원수의 손아귀에서 그들을 건져낼 구원자들을 보내주시곤
하셨습니다. 28 그러나 편안하게 살 만하면, 주님께서 보고 계
시는데도, 또다시 못된 일을 저질렀습니다. 그럴 때에는, 주님
께서 그들을 원수의 손에 버려두셔서, 억눌림을 받게 하셨습니
다. 그러다가도 다시 돌이켜 주님께 부르짖기만 하면, 주님께
서는 하늘에서 들으시고 불쌍히 여기시어, 구하여주시곤 하셨
습니다. 29 돌이켜 주님의 율법대로 바로 살라고, 주님께서 엄
하게 타이르셨지만, 그들은 거만하여 주님의 명령을 따르지
않았습니다. 지키기만 하면 살게 되는 법을 주셨지만, 오히려
그 법을 거역하여 죄를 지었습니다. 주님께 등을 돌리고, 목이
뻣뻣하여 고집을 버리지 못하였으며, 복종하지 않았습니다.
30 그러나 주님께서는 여러 해 동안 참으셨습니다. 예언자들을
보내시어 주님의 영으로 타이르셨지만, 사람들은 귀도 기울이
지 않았습니다. 하는 수 없이, 주님께서는 그들을 여러 나라 백

기도가 지나간 일들의 회고로 한참 이어집니다. 과거의 일들을 되짚는 이유가 있나요? 언약을 맺기 전에 공동체는 이러한 고백문을 먼저 하나님께 기도로 아뢰되, 역사의 순간마다 불순종했던 조상들의 죄악을 고백합니다. 과거를 이렇게 비판적으로 반성하는 것은 쉬운 일이 아닙니다. 그러나 과거를 제대로 직면하고 다룰 때, 잘못한 사람을 처벌하는 행태로 나가는 것이 아니라 과거를 바탕으로 현재를 어떻게 올바르게 걸어갈지 깨닫게 됩니다. 그럴 때 진정으로 멋진 미래가 올 것입니다. 그래서 이 고백 기도는 광야 시절과 가나안 땅 정착 이래 이스라엘의 죄악을 하나님의 불쌍히 여기심과 극명하게 대조합니다.

성에게 넘기셨습니다. 31 그러나 주님께서는 은혜로우시며, 사
람을 불쌍히 여기시는 하나님이시기에, 그들을 끔찍이도 불쌍
히 여기셔서, 멸망시키지도 않으시고, 버리지도 않으셨습니다.
32 ○ 우리 하나님, 위대하고 강하고 두렵고, 한 번 세운 언약
은 성실하게 지키시는 하나님, 앗시리아의 왕들이 쳐들어온
날로부터 이날까지, 우리가 겪은 환난을, 우리의 왕들과 대신
들과 제사장들과 예언자들과 조상들과 주님의 모든 백성이 겪
은 이 환난을 작게 여기지 마십시오. 33 우리에게 이 모든 일
이 닥쳐왔지만, 이것은 주님의 잘못이 아닙니다. 잘못은 우리
가 저질렀습니다. 주님께서는 일을 올바르게 처리하셨습니다.
34 우리의 왕들과 대신들과 제사장들과 조상들은 주님의 율법
을 따르지 않았습니다. 주님의 계명에 귀를 기울이지도 않고,
타이르시는 말씀도 듣지 않았습니다. 35 그들은 나라를 세우
고 주님께서 베푸신 큰 복을 누리면서도, 눈앞에 펼쳐주신 넓
고 기름진 땅에 살면서도, 주님을 섬기지도 않고, 악한 길에서
돌이키지도 않았습니다. 36 그러나 보십시오. 오늘 이처럼 우
리는 종살이를 합니다. 다른 곳도 아니고, 좋은 과일과 곡식을
먹고 살라고 우리 조상에게 주신 바로 그 땅에서, 우리가 종이

기도의 마무리가 어정쩡해 보입니다. 갑자기 언약을 굳게 세우고 거기에 서명했다는 이야기가 나옵니다. 무슨 언약을 한 건가요? 9장은 10장과 연결되어 있으며, 언약의 세부적인 내용은 이어지는 10장에서 볼 수 있습니다. 언약을 맺기에 앞서서 언약에 참여하는 이들이 어떤 이들이며 어떤 과정을 통해 지금 이곳에서 언약에 참여하는지를 다루는 것이 9장의 고백 기도문입니다. 이 긴 기도문의 결론은 "언제나 주님은 올바르게 행하셨고, 우리 조상은 거듭 악을 행해서 현재와 같은 참상에 이르렀다. 그래도 주님은 반복해서 그 백성을 불쌍히 여기셔서 그들을 지키셨다"입니다. 이 고백 기도는 곳곳마다 조상의 불순종에도 살 수 있었던 이유가 하나님의 불

되었습니다. 37 땅에서 나는 풍성한 소출은, 우리의 죄를 벌하
시려고 세운 이방 왕들의 것이 되었습니다. 그 왕들은 우리의
몸뚱이도, 우리의 가축도, 마음대로 부립니다. 이처럼 우리는
무서운 고역을 치르고 있습니다. 38 이 모든 것을 돌이켜본 뒤
에, 우리는 언약을 굳게 세우고, 그것을 글로 적었으며, 지도
자들과 레위 사람들과 제사장들이 그 위에 서명하였다.

쌍히 여기심 때문이라고 언급합니다(17, 19, 27, 28, 31절). 그렇다면 이제 그들의 살길은 그들을 불쌍히 여기신 하나님을 신뢰하며 그분의 말씀을 따라 살아가는 것이기에, 하나님 앞에 나아와 언약을 맺으려고 합니다. 그들은 과거를 직면하되 과거에 사로잡혀 있는 것이 아니라, 그들의 하나님을 신뢰하며 현재 한 걸음 나아가면서 미래를 희망하고자 합니다.

{ 제10장 }

언약에 서명한 사람들

1 서명한 사람들은 다음과 같다.
○ 하가랴의 아들인 총독 느헤미야와 시드기야와 2 스라야와
아사랴와 예레미야와 3 바스훌과 아마랴와 말기야와 4 핫두스
와 스바냐와 말룩과 5 하림과 므레못과 오바댜와 6 다니엘과
긴느돈과 바룩과 7 므술람과 아비야와 미야민과 8 마아시야와
빌개와 스마야는 제사장이다.
9 ○ 레위 사람으로는, 아사냐의 아들인 예수아와 헤나닷 자손
인 빈누이와 갓미엘과 10 그들의 동료 스바냐와 호디야와 그
리다와 블라야와 하난과 11 미가와 르홉과 하사뱌와 12 삭굴과
세레뱌와 스바냐와 13 호디야와 바니와 브니누가 있다.
14 ○ 백성의 지도자로는, 바로스와 바핫모압과 엘람과 삿두
와 바니와 15 분니와 아스갓과 베배와 16 아도니야와 비그왜
와 아딘과 17 아델과 히스기야와 앗술과 18 호디야와 하숩과

서명한 이들의 이름이 적시된 이것은 법적인 문서 역할을 하는 건가요? 이렇게 명시해둔 의도는 무엇인가요? 9장 38절은 10장 1절 이하에 나오는 서명을 이해하도록 돕습니다. 자신들의 불순종한 과거를 정직하고 정확하게 돌아보면서 절망하고 체념하는 것이 아니라, 이제 새롭게 율법과 명령에 따라 살아가겠다고 하나님 앞에서 약속하면서 자신들의 이름을 서명합니다. 고대의 언약이 제물을 죽이고 그 사이를 지나가는 장엄한 방식이었다면(창 15:9-11, 17-18; 렘 34:18-19), 이제는 하나님 앞에서 그분의 규례를 따라 살아갈 것이며 그렇지 않으면 저주가 임하리라 맹세하면서 참여하는 이들의 이름을 적는 방식으로 언약이 맺어집니다. 스스로 이름을 적도록 함으로써 자원해 언약에 참여하며, 몇몇 지도자들만의 언약이 아니라 모두 함께 동등하게 참여하는 언약임을 이 같은 서명 의식을 통해 보여줍니다.

베새와 19 하립과 아나돗과 노배와 20 막비아스와 므술람과
헤실과 21 므세사벨과 사독과 얏두아와 22 블라댜와 하난과
아나야와 23 호세아와 하나냐와 핫숩과 24 할르헤스와 빌하
와 소벡과 25 르훔과 하삽나와 마아세야와 26 아히야와 하난
과 아난과 27 말룩과 하림과 바아나가 있다.
28 ○ 이 밖에 나머지 백성, 곧 제사장과 레위 사람과 성전 문
지기와 노래하는 사람과 성전 막일꾼과 주님의 율법을 따르려
고 그 땅의 여러 백성과 인연을 끊은 모든 이들과 그 아내들과
그들의 아들딸들과 알아들을 만한 지식이 있는 이들 모두가,
29 귀족 지도자들과 함께 하나님의 종 모세가 전하여준 하나
님의 율법을 따르기로 하고, 우리 주 하나님의 모든 계명과 규
례와 율례에 복종하기로 하였으며, 그것을 어기면 저주를 받
아도 좋다고 다음과 같이 맹세하였다.
30 ○ "우리는 딸을 이 땅의 백성과 결혼시키지 않는다. 우리
는 아들을 그들의 딸과 결혼시키지 않는다. 31 이 땅의 백성이
안식일에 물건이나 어떤 곡식을 내다가 팔더라도, 안식일에나
성일에는, 우리가 사지 않는다. 일곱 해마다 땅을 쉬게 하고,

일곱 해마다 땅을 쉬게 하고 6년이 지난 빚은 모두 없애준다(31절)는 것도 율법이 정한 내용인가요? 땅을 쉬게 해서 경작하지 않는 일곱 번째 해를 안식년이라 부릅니다(출 23:10–11; 레 25:1–7). 농사짓지 않아도 저절로 자란 것들은 가난한 자와 들짐승의 것이라고 율법이 규정합니다. 한편 매 7년마다 이전에 있던 빚을 탕감해주는 규정이 있어서 이러한 해를 면제년이라 부릅니다(신 15:1–6). 이러한 내용을 공동체가 결의했다는 것은 이 규정이 이제까지 잘 지켜지지 않았음을 암시합니다. 하나님 앞에서 그분의 명령을 따라 살아가겠다는 약속은 이러한 안식년과 면제년 규정을 포함합니다. 이 규정은 공동체 안에 존재하는 가난한 사람들에게 큰 도움이 될 것입니다. 하나님을 진심으로 따르며 순종하는 삶은 그 사람만의 종교적인 기쁨을 넘어 이처럼 함께 살아가는 가난한 이들에게도 살 길이 열리는 기쁨이 되어야 합니다.

육 년이 지난 빚은 모두 없애준다."
32 ○ 우리는 다음과 같은 규례도 정하였다.
○ "하나님의 성전 비용으로 쓰도록, 우리는 해마다 삼분의 일
세겔씩 바친다. 33 이것은, 늘 차려놓는 빵과 규칙적으로 드
리는 곡식제물과 규칙적으로 드리는 번제와 안식일이나 초하
루나 그 밖에 절기 때에 드리는 제물과 이스라엘의 죄를 속하
는 속죄물과 우리 하나님의 성전에서 하는 모든 일에 쓸 것이
다. 34 제사장이나 레위 사람이나 일반 백성을 가리지 않고,
우리가 집안별로 주사위를 던져서, 해마다 정한 때에, 우리 하
나님의 성전에 땔 나무를 바칠 순서를 정한다. 그것은 율법에
기록된 대로, 우리 주 하나님의 제단에서 불사를 때에 쓸 나무
이다. 35 해마다 우리 밭에서 나는 맏물과 온갖 과일나무의 첫
열매를 주님의 성전에 바친다. 36 율법에 기록된 대로, 우리의
맏아들과 가축의 첫 새끼 곧 처음 난 송아지와 새끼 양을 우리
하나님의 성전으로 가지고 가서, 그 성전에서 우리 하나님을

맏물, 첫 열매, 첫 새끼, 처음 익은 밀의 가루 등 '처음' 난 것을 주님의 성전에 바친다는 것은 어떤 의미를 담은 것인가요? 사람이나 짐승의 처음 난 것을 성전에 바치는 것은 이스라엘이 이집트를 떠나던 밤에 하나님께서 이집트의 모든 처음 난 것을 죽이실 때 이스라엘의 처음 난 것의 생명은 살리신 일을 기념합니다(출 13:11-16). 가축의 처음 난 것은 성전에 바쳐 제사로 드리고, 사람의 처음 난 것의 경우 그를 대신하는 가축을 바쳐 제사를 드립니다. 곡식의 첫 열매, 그리고 여러 수확 가운데 좋은 것도 하나님의 성전에 드립니다. 무엇보다도 우리에게 주어진 모든 것, 수확과 생명까지도 하나님께서 우리에게 허락하고 베푸신 은혜임을 고백하는 행동으로 이처럼 첫 열매와 좋은 것을 성전에 바칩니다. 나아가 먹고살 수 있는 다른 땅 없이 오직 성전에서 봉사하는 제사장과 레위인들도 함께 살아갈 수 있도록 해주는 것이 이렇게 바쳐진 예물들입니다. 결국 하나님께 드리는 감사 고백, 제사장과 레위인과 함께 살아가는 삶, 이 두 가지가 이와 같은 예물의 의미입니다.

섬기는 제사장들에게 바친다."
37 ○ 또 우리는, 들어 바칠 예물인 처음 익은 밀의 가루와 온
갖 과일나무의 열매와 새 포도주와 기름을 가져다가, 제사장
의 몫으로 우리 하나님의 성전 창고에 넣기로 하고, 또 밭에서
나는 소출 가운데서 열의 하나는 레위 사람들의 몫으로 가져
오기로 하였다. 농사를 짓는 성읍으로 돌아다니면서 열의 하
나를 거두어들일 사람은 바로 레위 사람이다. 38 레위 사람이
열의 하나를 거두어들일 때에는, 아론의 자손인 제사장 한 사
람이 같이 다니기로 하였다. 레위 사람은 거두어들인 열의 하
나에서 다시 열의 하나를 떼어서, 우리 하나님의 성전 창고의
여러 방에 두기로 하였다. 39 이스라엘 자손과 레위 자손은 들
어 바칠 예물인 곡식과 새 포도주와 기름을 그 여러 방에 가져
다 놓기로 하였다. 그런 방은 성전 기구를 두기도 하고, 당번
제사장들과 성전 문지기들과 노래하는 사람들이 쓰기도 하는
곳이다.
○ "우리는 우리 하나님의 성전을 아무렇게나 버려두지 않을
것이다."

39절 마지막에 나오는 "우리는 우리 하나님의 성전을 아무렇게나 버려두지 않을 것이다"라는 말은 대단한 각오로 들립니다. 어떤 배경에서 나온 이야긴가요? 10장에서 다룬 혼합 결혼, 안식일 준수, 성전에 드린 나무, 성전에 바친 첫 열매, 레위인의 십일조, 성전에 대한 소홀 문제 등의 주제는 13장에서도 모두 등장합니다. 그래서 13장을 읽으면 왜 이 같은 서약을 공동체가 다짐하며 맹세했는지 이해할 수 있습니다. 자신들의 삶이 분주하고 자신들의 욕망이 우선 사항이 되다 보니, 성전 제사는 자주 소홀해지곤 합니다. 그러나 성전은 이스라엘이 하나님의 명령을 지키며 하나님 한 분만을 섬기는 민족임을 단적으로 보여주는 공간입니다. 그렇기에 "우리가 성전을 버려두지 않겠다"는 마지막 선언은 이스라엘의 정체성이 무엇인지를 확고히 하겠다는 다짐이라 볼 수 있습니다.

{ 제11장 }

예루살렘에 자리를 잡은 백성들

1 백성의 지도자들은 예루살렘에 자리 잡았다. 나머지 백성은
주사위를 던져서, 십분의 일은 거룩한 성 예루살렘에서 살게
하고, 십분의 구는 저마다 자기의 성읍에서 살게 하였다. 2 스
스로 예루살렘에서 살겠다고 자원하는 사람 모두에게는 백성
이 복을 빌어주었다.
3 ○ 예루살렘에 자리를 잡은 지방 지도자들은 다음과 같다.
다른 이스라엘 사람들 곧 제사장과 레위 사람과 성전 막일꾼
과 솔로몬을 섬기던 종의 자손은, 각자가 물려받은 땅인 유다
여러 성읍에서 살고, 4 유다와 베냐민 자손 가운데서 일부가
예루살렘에서 살았다.
○ 유다 자손으로는 아다야가 있다. 그의 아버지는 웃시야요,
그 윗대는 스가랴요, 그 윗대는 아마랴요, 그 윗대는 스바댜
요, 그 윗대는 마할랄렐이요, 그 윗대는 베레스이다. 5 그다

백성이 주사위를 던져서 거처를 정하는 방법이 신기합니다. 이런 방법이 통용된 배경이 궁금합니다. 주사위를 던지거나 제비를 뽑는 일은 고대 이스라엘에서 빈번히 사용되었던 방식입니다. 제사장(대상 24:5, 31), 노래하는 자들(대상 25:8–9), 문지기(대상 26:13)를 맡을 사람을 뽑을 때 이런 방식이 쓰여서 특히 하나님께서 정하신 거룩한 일을 결정하는 방식으로 이해할 수 있습니다. 예루살렘을 '거룩한 성'(느 11:1)이라 부른다는 점에서, 그 거룩한 성에 살 자 역시 성전 관련 사항이라 여겨 주사위를 던지는 방식을 채택했으리라 볼 수 있습니다. 주사위 던지기는 주어지는 결과가 사람의 결정이나 선택이 아니라, 하나님께로부터 비롯되었음을 고백하는 행동입니다. 그렇기에 누구라도 불평하지 않고 하나님의 인도하심이라 믿고 따르게 하는 방식입니다.

음으로는 마아세야가 있다. 그의 아버지는 바룩이요, 그 윗대
는 골호세요, 그 윗대는 하사야요, 그 윗대는 아다야요, 그 윗
대는 요야립이요, 그 윗대는 스가랴요, 그 윗대는 실로 사람의
아들이다. 6 예루살렘에 자리 잡은 베레스의 자손은 모두 사백
육십팔 명이고, 그들은 모두 용사였다.
7 ○ 베냐민 자손으로는 살루가 있다. 그의 아버지는 므술람이
요, 그 윗대는 요엣이요, 그 윗대는 브다야요, 그 윗대는 골라
야요, 그 윗대는 마아세야요, 그 윗대는 이디엘이요, 그 윗대는
여사야이다. 8 그를 따르는 자는, 갑배와 살래를 비롯하여, 구
백이십팔 명이다. 9 시그리의 아들인 요엘이 그 우두머리이고,
핫스누아의 아들인 유다는 그 도성의 제이 구역을 다스렸다.
10 ○ 제사장 가운데는, 요야립의 아들인 여다야와 야긴과
11 스라야가 있다. 스라야의 아버지는 힐기야요, 그 윗대는 므
술람이요, 그 윗대는 사독이요, 그 윗대는 므라욧이요, 그 윗
대는 하나님의 성전의 책임자인 아히둡이다. 12 성전의 일을

이스라엘 백성들을 보면 항상 자손과 가문을 구분해서 밝힙니다. 한 민족이라 겉모습으로는 잘 몰랐을 것 같은데, 어느 자손인지 한눈에 알아보는 어떤 표식 같은 것이 따로 있었나요? 외적으로 구분할 수 있는 다른 표지 같은 건 존재하지 않았을 것입니다. 이러한 자손과 가문 표현은 겉으로 드러나게 하려는 목적보다는 자신들이 누구이며 어떤 사람들인지를 확인하기 위해 존재할 것입니다. 이런 현상이 생겨난 근본적인 원인은 바빌론 포로 사건입니다. 이스라엘 가운데 일부는 이방 땅으로 끌려가 그곳에서 수십 년의 세월을 지내야 했고, 어떤 이들은 다시 유다 땅으로 돌아왔습니다. 하나님께서 조상에게 주신 땅에 다시 돌아와 살면서, 그들 스스로가 조상에게 주신 약속을 이어받은 사람임을 재확인하는 것이 이러한 족보입니다. 그리고 돌아온 이후 성전에서 누가 사역을 수행할 것인가와 연관해 제사장과 레위인의 족보가 무척 중요했을 것입니다. 포로기 이전보다 훨씬 적은 수이며 약해진 상태지만, 이 같은 가문에 대한 확인을 통해 여전히 하나님 백성으로서의 공동체를 재확인하도록 그들은 끊임없이 족보를 확인하고 기록하며 전합니다.

맡아보는 그들의 친족은 모두 팔백이십이 명이다. 또 아다야
가 있는데, 그의 아버지는 여로함이요, 그 윗대는 블라야요,
그 윗대는 암시요, 그 윗대는 스가랴요, 그 윗대는 바스훌이
요, 그 윗대는 말기야이다. 13 그의 친족 각 가문의 우두머리
는 이백사십이 명이다. 또 아맛새가 있다. 그의 아버지는 아사
렐이요, 그 윗대는 아흐새요, 그 윗대는 므실레못이요, 그 윗
대는 임멜이다. 14 큰 용사들인 그들의 친족은 모두 백이십팔
명이다. 그들의 우두머리는 하그돌림의 아들 삽디엘이다.
15 ○ 레위 사람으로는 스마야가 있다. 그의 아버지는 핫숩이
요, 그 윗대는 아스리감이요, 그 윗대는 하사뱌요, 그 윗대는
분니이다. 16 또 레위 사람의 우두머리인 삽브대와 요사밧도
있다. 그들은 하나님의 성전 바깥 일을 맡은 이들이다. 17 또
맛다니야가 있다. 그의 아버지는 미가요, 그 윗대는 삽디요,
그 윗대는 아삽이다. 그는 감사의 찬송과 기도를 인도하는 지
휘자이다. 그의 형제들 가운데서 박부갸가 버금가는 지휘자가
되었다. 또 압다가 있다. 그의 아버지는 삼무아요, 그 윗대는
갈랄이요, 그 윗대는 여두둔이다. 18 거룩한 성에 자리를 잡은
레위 사람들은 모두 이백팔십사 명이다.

백성의 지도자와 각 백성들이 자리 잡은 위치는 어떤 의미나 특징이 있나요? 1절과 3절에 따르면 지도자들은 예루살렘에 거주했고, 나머지 백성 가운데 십분의 일은 주사위를 던져서 예루살렘에 거주하게 됐습니다. 자신들이 이전에 살던 곳이 아니라 새로 지어진 예루살렘에 거하게 된 것은 그렇게 쾌적하거나 원했던 일이 아닐 수 있습니다. 그런 점에서 지도자들이 예외 없이 예루살렘에 거주하도록 결정한 점은 먼저 본을 보이는 차원이었을 겁니다. 나머지 백성들은 유다 모든 성읍에 흩어져 자신들의 유산인 땅에서 살았습니다(20절). 그 성읍들 목록이 25-36절에 소개됩니다. 헤브론의 옛 이름인 기럇아르바가 언급된 점(25절), 여호수아기 15장에 나오는

19 ○ 성전 문지기는 악굽과 달몬과 그 친족들인데, 모두 백칠
십이 명이다. 20 나머지 이스라엘 백성과 제사장과 레위 사람
들은, 제각기 자기 유산으로 받은 땅이 있는 유다 여러 성읍에
흩어져서 살았다.
21 ○ 성전 막일꾼들은 오벨에 자리를 잡았다. 시하와 기스바
가 그들을 맡았다.
22 ○ 예루살렘에 자리를 잡은 레위 사람들의 우두머리는 웃
시이다. 그의 아버지는 바니요, 그 윗대는 하사뱌요, 그 윗대
는 맛다니야요, 그 윗대는 미가이다. 웃시는 하나님의 성전에
서 예배드릴 때에 노래를 맡은 아삽의 자손 가운데 한 사람이
다. 23 노래하는 사람들에게는, 날마다 하여야 할 일을 규정한
왕명이 내려져 있었다.
24 ○ 유다의 아들 세라의 자손 가운데서, 므세사벨의 아들 브
다히야가 왕 곁에서 이스라엘 백성과 관련된 일을 맡아보았다.

마을과 성읍에 자리를 잡은 백성들

25 ○ 마을과 거기에 딸린 들판은 이러하다. 유다 자손 가운데

유다 지파의 경계와 비슷하다는 점, 그리고 여기에 언급된 도시들이 느헤미야 시대로부터 한참 지난 시기에야 유다 땅이 된다는 점에서, 학자들은 이 목록이 이상적인 형태로 귀환 공동체를 표현한다고 보았습니다. 현재로선 이만한 땅을 아직 다 누리지 못하지만, 하나님께서 애초에 허락하신 땅을 마침내 다 누리게 될 것을 기대하며 자신들이 살아가는 지역 목록에 포함시켰다는 것입니다.

서 더러는 기럇아르바와 거기에 딸린 촌락들과, 디본과 거기
에 딸린 촌락들과, 여갑스엘과 거기에 딸린 마을들에 자리를
잡고, 26 더러는 예수아와 몰라다와 벳벨렛과 27 하살수알과
브엘세바와 거기에 딸린 촌락들, 28 시글락과 므고나와 거기
에 딸린 촌락들, 29 에느림몬과 소라와 야르뭇과 30 사노아와
아둘람과 거기에 딸린 촌락들, 라기스와 거기에 딸린 들판, 아
세가와 거기에 딸린 촌락들에 자리를 잡았다. 이렇게 그들은
브엘세바에서 힌놈 골짜기까지 장막을 치고 살게 되었다.
31 ○ 베냐민 자손은 게바와 믹마스와 아야와 베델과 거기에
딸린 촌락들, 32 아나돗과 놉과 아나냐와 33 하솔과 라마와
깃다임과 34 하딧과 스보임과 느발랏과 35 로드와 오노와 대
장장이 골짜기에 자리를 잡았다. 36 유다에 있던 레위 사람들
가운데서 일부는 베냐민으로 가서 자리를 잡았다.

돌아온 백성들이 자리 잡은 지역뿐만 아니라, 그들이 하는 일도 같이 기록되어 있습니다. 이 문서를 기록한 의도는 무엇인가요? 11장 내용은 역대지상 9장 1-34절과 여러 차이가 있지만, 기본적으로 같은 내용에 기반을 둔 다른 문서라고 볼 수 있습니다. 역대지상에서는 이 명단이 등장하는 배경이 서술되지 않았지만, 느헤미야기는 예루살렘 성벽 완공 후에 그 안에 살아갈 자들을 정하기 위해 주사위를 던져서 나온 명단임을 알려줍니다. 성벽이 있다고 도시가 성립되는 것이 아니라 그 안에 살아갈 사람이 있어야 할 것입니다. 11장을 통해 예루살렘은 명실상부하게 많은 사람으로 넘쳐나는 곳이 됩니다. 그뿐 아니라 앞 질문에서 보았듯이 하나님께서 여호수아를 통해 허락하셨던 유다 지파의 경계 곳곳마다 나머지 백성이 흩어져서 살아갑니다. 특히 "장막을 치다"(30절)라는 표현은 성전에서 자신의 일을 나누어 맡은 제사장과 레위인에 대한 언급이면서 동시에 마치 광야 시절 성막을 중심으로 이스라엘이 장막을 치고 살아갔던 때를 떠올리게 합니다. 11장은 이상적인 시절을 떠올리며 다가올 날에 그러한 일이 이루어지기를 열망하는 공동체를 보여줍니다.

{ 제12장 }

제사장과 레위 사람들

1 스알디엘의 아들 스룹바벨과 예수아를 따라서 함께 돌아온
제사장과 레위 사람들은 다음과 같다.
○ 제사장은 스라야와 예레미야와 에스라와 2 아마랴와 말룩
과 핫두스와 3 스가냐와 르훔과 므레못과 4 잇도와 긴느도이
와 아비야와 5 미야민과 마아댜와 빌가와 6 스마야와 요야립
과 여다야와 7 살루와 아목과 힐기야와 여다야이다. 이들은 예
수아 때의 제사장 가문의 우두머리와 그 동료들이다.
8 ○ 레위 사람은 예수아와 빈누이와 갓미엘과 세레뱌와 유다
와 맛다니야이고 그 가운데서 맛다니야는 그의 동료들과 함께
찬양대를 맡았다. 9 그들의 동료 박부갸와 운노는 예배를 드릴
때에 그들과 마주 보고 섰다.

대제사장 예수아의 자손들

제사장은 주로 어떤 일을 맡은 사람들이었나요? 제사장은 레위 지파 가운데서도 아론의 자손들이며, 성전에서 제사 관련 일체를 맡습니다. 제사드리려는 이들이 찾아왔을 때 제물의 피와 고기를 받아 제단에 뿌리고 태우는 일을 수행하며, 매일 드리는 번제와 소제 같은 제사도 수행합니다. 하나님의 영역인 거룩함과 일반 백성의 영역을 잘 구분하도록 가르치는 일, 그리고 제사로 하나님께 나아오기에 적합한 정결한 상태인지 아니면 그렇게 해서는 안 되는 부정한 상태인지 판별하는 것도 제사장의 중요한 직무입니다. 그래서 부정한 상태에서 정결한 상태로 회복되도록 돕는 정결 예식을 수행하는 것도 제사장의 직무입니다. 나아가 바빌론에서 돌아온 이후로는 실질적으로 유다 공동체의 대표 역할을 수행하기도 했습니다.

10 ○ 예수아는 요야김을 낳고, 요야김은 엘리아십을 낳고, 엘
리아십은 요야다를 낳고, 11 요야다는 요나단을 낳고, 요나단
은 얏두아를 낳았다.

제사장 가문의 우두머리들

12 ○ 요야김 때의 제사장 가문의 우두머리들은 다음과 같다.
스라야 가문에서는 므라야요, 예레미야 가문에서는 하나냐요,
13 에스라 가문에서는 므술람이요, 아마랴 가문에서는 여호하
난이요, 14 말루기 가문에서는 요나단이요, 스바냐 가문에서
는 요셉이요, 15 하림 가문에서는 아드나요, 므라욧 가문에서
는 헬개요, 16 잇도 가문에서는 스가랴요, 긴느돈 가문에서는
므술람이요, 17 아비야 가문에서는 시그리요, 미냐민과 모아
댜 가문에서는 빌대요, 18 빌가 가문에서는 삼무아요, 스마야
가문에서는 여호나단이요, 19 요야립 가문에서는 맛드내요,
여다야 가문에서는 웃시요, 20 살래 가문에서는 갈래요, 아목
가문에서는 에벨이요, 21 힐기야 가문에서는 하사뱌요, 여다

제사장 가문과 우두머리의 이름들이 나열되어 있습니다. 계속 비슷비슷한 명단이 반복되는 것 같아 보이는데, 어떤 의도가 있나요? 에스라기–느헤미야기는 특히 제사장 족보에 깊은 관심이 있어서 나올 때마다 반복해서 그 이름을 적어두고 있습니다. 제사장이 귀환 공동체에서 실질적인 리더십이었기에 주의해서 기록을 남겼을 뿐 아니라, 현재 그들이 살아가는 시대가 과거와 단절된 시대가 아니라 과거로부터 이어진다는 점을 강조하기 위해서도 이러한 족보와 명단을 반복해서 싣습니다. 여기에서는 포로 귀환 초기인 예수아 제사장 때의 지도자들 명단(1–7절), 예수아 제사장 다음 세대인 요야김 제사장 시대의 지도자들 명단(12–21절)을 각각 실으면서, 귀환 공동체의 정체성이 끊어지지 않고 이어진다는 점을 보여줍니다.

야 가문에서는 느다넬이다.

제사장과 레위 사람들에 관한 기록

22 ○ 엘리아십과 요야다와 요하난과 얏두아 때의 레위 사람
가운데서, 가문별 우두머리들의 이름과 제사장들의 이름은,
다리우스가 페르시아를 다스릴 때의 왕실 일지에 기록되어 있
다. 23 레위의 자손 가운데 엘리아십의 아들인 요하난 때까지
의 각 가문의 우두머리의 이름도 왕실 일지에 기록되어 있다.

성전에서 맡은 임무

24 ○ 레위 사람의 우두머리는 하사뱌와 세레뱌와 갓미엘의 아
들 예수아이다. 예배를 드릴 때에, 그들은, 하나님의 사람 다윗
왕이 지시한 대로, 동료 레위 사람들과 함께 둘로 나뉘어 서로
마주 보고 서서 화답하면서, 하나님께 찬양과 감사를 드렸다.
25 ○ 맛다니야와 박부갸와 오바댜와 므술람과 달몬과 악굽은

가문별 우두머리와 제사장의 이름을 왕실 일지에 기록해두었다는 것(22-23절)은 무슨 뜻인가요? 새번역 성경이 '왕실 일지'라고 옮겼지만, 히브리어 본문에는 '왕실'이라는 표현이 없습니다. 이 일지는 페르시아 왕실과는 무관하게, 아마도 예루살렘 성전에 보관되어 있는 일지를 가리킬 것입니다. 제사장과 레위인에 대해 공식적인 기록물이 존재했고, 느헤미야기의 저자는 그 기록을 확인할 수 있었습니다. 오늘날 우리도 역사책을 보면서 현재의 우리가 과거로부터 이어졌다는 사실을 확인하듯이, 느헤미야 시기 역시 이러한 일지와 같은 고대 문서를 보면서 과거와 연결된 현재를 확인했을 겁니다. 귀환 직후 이스라엘의 정체성, 특히 제사장과 레위인의 정체성이 변치 않고 이어지고 있음을 이러한 일지에 기록된 내용을 통해 보여줍니다.

성전 문지기이다. 이들은 성전으로 들어가는 각 문들에 딸린
창고를 지켰다. 26 이 사람들은 모두, 요사닥의 손자이자 예수
아의 아들인 요야김과, 총독 느헤미야와, 학자인 에스라 제사
장 시대에 활동한 사람들이다.

느헤미야가 성벽을 봉헌하다

27 ○ 예루살렘 성벽이 완성되어서, 봉헌식을 하게 되었다. 사
람들은 곳곳에서 레위 사람을 찾아내어, 예루살렘으로 데려왔
다. 감사의 찬송을 부르며, 심벌즈를 치며, 거문고와 수금을 타
며, 즐겁게 봉헌식을 하려는 것이었다. 28 이에 노래하는 사람
들이 예루살렘 주변 여러 마을 곧 느도바 사람들이 사는 마을과
29 벳길갈과 게바와 아스마웻 들판에서 모여들었다. 이 노래
하는 사람들은 예루살렘 주변에 마을을 이루고 살았다. 30 제
사장들과 레위 사람들은 몸을 깨끗하게 하는 예식을 치른 다음
에, 백성과 성문들과 성벽을 깨끗하게 하는 예식을 올렸다.

예루살렘 성벽이 완성되어 봉헌식이 진행됩니다. 예루살렘 성벽 완성은 6장에서 이미 언급했는데 왜 이제야 봉헌식이 다루어지나요? 6장 15절에서 성벽 완공이 처음 언급되었습니다. 그러나 성벽만 지어진다고 다는 아니기에, 7장 1-4절은 성벽을 지키고 관리하는 이들을 세운 내용을 전하면서, 완공된 성벽 안에서 살아갈 사람을 정하는 작업이 진행됩니다. 이를 위해 족보가 언급되었고(느 7:5-73), 성벽 안에서 살아갈 사람을 주사위를 던져 정하는 내용이 11장에서 다루어졌습니다. 족보와 주민 선정 사이에 놓인 8-10장에서는 에스라의 율법 선포, 백성들의 회개, 언약 맺음이 차례로 다루어졌습니다. 겉으로 드러나는 성벽이 아무리 든든히 세워져도 그 안에서 살아가는 이들이 그에 합당한 삶을 살지 않는다면, 그런 성벽은 세상과 담을 쌓은 채 자신들만 안전히 살아가겠다는 폐쇄적이고 배타적인 담일 뿐입니다. 느헤미야기는 이 성벽이 무엇을 위한 성벽인지 보여주기 위해 의도적으로 내용을 배열했습니다.

31 ○ 나는 유다 지도자들을 성벽 위로 올라오게 하고, 감사의
찬송을 부를 큰 찬양대를 두 편으로 나누어 서게 하였다. 한 찬
양대는, 오른쪽으로 '거름 문' 쪽을 보고 성곽 위로 행진하게 하
였다. 32 호세야가 이끄는 유다 지도자의 절반이 그 뒤를 따
르고, 33 또 아사랴와 에스라와 므술람과 34 유다와 베냐민과
스마야와 예레미야가 따랐다. 35 그 뒤로 일부 제사장들이 나
팔을 들고 따르고, 그다음에 스가랴가 따랐다. 그의 아버지는
요나단이요, 그 윗대는 스마야요, 그 윗대는 맛다니야요, 그
윗대는 미가야요, 그 윗대는 삭굴이요, 그 윗대는 아삽이다.
36 그 뒤로는 스가랴의 형제인 스마야와 아사렐과 밀랄래와
길랄래와 마애와 느다넬과 유다와 하나니가 하나님의 사람 다
윗이 만든 악기를 들고 따랐다. 서기관 에스라가 그 행렬을 이
끌었다. 37 그들은 '샘 문'에서 곧바로 다윗 성 계단 위로 올라
가서, 성곽을 타고 계속 행진하여, 다윗 궁을 지나 동쪽 '수문'
에 이르렀다.
38 ○ 다른 한 찬양대는 반대쪽으로 행진하게 하였다. 나는 백

행진하는 사람들의 명단에 나오는 이들은 이른바 사회 지도층 '내빈'들인가요? 주로 어떤 사람들인가요? 행진은 오른쪽과 왼쪽 두 행렬로 이루어집니다. 두 무리는 각각 감사 찬송을 하며 행진하는데(31, 38절), 오른쪽으로 가는 무리는 호세야가 이끌고 유다 지도자들 절반이 뒤따랐습니다. 그 뒤로는 나팔을 부는 일곱 제사장(33-35절), 그리고 스가랴가 이끄는 여덟 명의 악기 연주하는 레위인들(36절)이 뒤따랐고, 에스라도 이 행렬에 참여했습니다(36절). 왼쪽으로 가는 무리는 느헤미야가 이끌었는데 역시 지도자의 절반이 그 뒤를 따랐고(38절), 나팔을 든 일곱 제사장(41절), 예스라히야가 이끄는 여덟 명의 노래하는 레위인들(42절)이 뒤따랐습니다. 서로 대응되는 이 행진에는 에스라, 느헤미야를 비롯한 지도자들이 참여했고, 제사장과 레위인이 참여했습니다. 그래서 봉헌식 감사 행진에는 귀환 공동체 모두가 참여했다고 말할 수 있습니다.

성의 절반과 더불어 그 뒤를 따라서 성벽 위로 올라갔다. 이
행렬은 '풀무 망대'를 지나서, '넓은 벽'에 이르렀다가, 39 '에브
라임 문' 위를 지나, '옛 문'과 '물고기 문'과 '하나넬 망대'와 '함
메아 망대'를 지나서, '양 문'에까지 이르러 성전으로 들어가는
문에서 멈추었다.

40 ○ 감사의 찬송을 부르는 두 찬양대는 하나님의 성전에 들
어가 멈추어 섰다. 나 역시 백성의 지도자 절반과 함께 하나님
의 성전에 들어가 섰다. 41 제사장 엘리야김과 마아세야와 미
냐민과 미가야와 엘료에내와 스가랴와 하나냐는 다 나팔을 들
고 있고, 42 마아세야와 스마야와 엘르아살과 웃시와 여호하
난과 말기야와 엘람과 에셀이 함께 서 있었으며, 노래하는 이
들은 예스라히야의 지휘에 따라서 노래를 불렀다. 43 그날, 사
람들은 많은 제물로 제사를 드리면서 기뻐하였다. 하나님이
그들을 그렇게 기쁘게 하셨으므로, 여자들과 아이들까지도 함
께 기뻐하니, 예루살렘에서 기뻐하는 소리가 멀리까지 울려
퍼졌다.

성벽 봉헌식이 감사와 찬양, 제사로 성대하게 진행됩니다. 성벽 봉헌의 의미가 무엇이기에 이렇게 기뻐하며 진행된 것인가요? '봉헌식'은 대부분 성전과 연관되어 쓰입니다. 하나님의 성전을 다 지은 후 이를 감사하며 기념하는 봉헌식을 거행하거나(시 30편 제목; 라 6:16–17), 하나님께 제물을 드리는 제단을 만든 후 봉헌식을 진행하기도 합니다(민 7:10–11, 84, 88; 대하 7:9). 바빌론의 신상을 만든 후 봉헌식을 드리는 것도 같은 맥락입니다(단 3:2–3; 여기서는 '제막식'으로 옮김). 그런데 느헤미야기는 성벽을 만든 후에 이처럼 감사, 찬양, 제사를 수반하는 봉헌식을 드렸다는 점에서 마치 성벽이 성전처럼 보이게 합니다. 일상의 삶과 연관된 성벽을 마치 하나님을 예배하는 성전처럼 봉헌하는 모습을 통해 일상의 삶과 종교적 삶을 분리하지 않는다는 것을 알 수 있습니다. 성벽 안에서 이루어지는 삶의 모든 영역이 하나님을 예배하는 일상임을 선언합니다.

백성들이 제사장과 레위 사람에게 준 몫

44 ○ 그날, 사람들은 헌납물과 처음 거둔 소산과 십일조 등을
보관하는 창고를 맡을 관리인을 세웠다. 유다 사람들은, 직무
를 수행하는 제사장들과 레위 사람들이 고마워서, 관리인들을
세우고, 율법에 정한 대로, 제사장과 레위 사람에게 돌아갈 몫
을 성읍에 딸린 밭에서 거두어들여서, 각 창고에 보관하는 일
을 맡겼다. 45 제사장들과 레위 사람들은 하나님을 섬기는 일
과 정결예식을 베푸는 일을 맡았다. 노래하는 사람들과 성전
문지기들도 다윗과 그의 아들 솔로몬이 지시한 대로 맡은 일
을 하였다. 46 옛적 다윗과 아삽 때에도 합창 지휘자들이 있어
서, 노래를 불러 하나님께 찬양과 감사를 드렸다. 47 스룹바벨
과 느헤미야 때에도, 온 이스라엘이 노래하는 이들과 성전 문
지기들에게 날마다 쓸 몫을 주었다. 백성은 레위 사람들에게
돌아갈 거룩한 몫을 떼어놓았고, 레위 사람들은 다시 거기에
서 아론의 자손에게 돌아갈 몫을 구별하여놓았다.

제사장과 레위인에게 돌아갈 몫을 보관하는 일은 왜 그렇게 중요한가요? 제사장과 레위 사람은 농사지을 땅이 주어지지 않았고, 나머지 백성들이 드리는 십일조와 헌물을 가지고 살아갑니다. 느헤미야가 진행하는 개혁은 이들에게 돌아갈 십일조와 헌물을 모아두는 공간을 마련하는 일과 그곳 책임자를 정하는 일로 마무리됩니다. 이들이 살아갈 길이 있어야, 성전에서 하나님을 섬기는 제사 직무와 정결 예식을 수행할 수 있습니다. 이러한 전통이 다윗과 솔로몬 시기에도 지켜졌고(45–46절), '귀환 초기인 스룹바벨 시대에도 지켜졌음(47절)을 보이면서, 이 전통을 잘 준수하는 것이 중요하다는 점을 부각시킵니다. 자신들만 먹고사는 것이 아니라 십일조 등을 통해 제사장과 레위 사람도 먹고살 수 있어야 공동체 전부가 하나님을 예배하며 정결한 삶을 살아갈 수 있습니다. 서로는 서로에게 의존해 있습니다.

{ 제13장 }

느헤미야의 개혁

1 그날, 백성에게 모세의 책을 읽어주었는데, 거기에서 그들은
다음과 같이 적혀 있는 것을 발견하였다. "암몬 사람과 모압
사람은 영원히 하나님의 총회에 참석하지 못한다. 2 그들은 먹
을 것과 마실 것을 가지고 와서 이스라엘 자손을 맞아들이기
는커녕, 오히려 발람에게 뇌물을 주어서, 우리가 저주를 받도
록 빌게 하였다. 그러나 우리 하나님은 그 저주를 바꾸어 복이
되게 하셨다." 3 백성은 이 율법의 말씀을 듣고, 섞여서 사는
이방 무리를 이스라엘 가운데서 모두 분리시켰다.
4 ○ 이 일이 있기 전이다. 우리 하나님 성전의 방들을 맡고 있
는 엘리아십 제사장은 도비야와 가까이 지내는 사이이다. 5 그
런데 그가 도비야에게 큰 방 하나를 내주었다. 그 방은 처음
부터 곡식제물과 유향과 그릇과, 레위 사람들과 노래하는 사

개혁이 필요했다는 것은 그만큼 문제가 되는 일들이 많았다는 것을 말해줍니다. 포로에서 돌아와 성전 재건까지 했던 그들인데 어쩌다 그렇게 된 건가요? 13장에서 문제가 된 상황은 이미 10장에서 언약을 통해 다짐했던 내용이기도 합니다. 그토록 열정적으로 모두가 기뻐하고 즐거워하며 진행했던 일이 어느새 전부 허물어지고 만 것을 보게 됩니다. 그래서 13장은 무척이나 현실적입니다. 개혁이라는 것은 언제 어디서나 참으로 어려운 일입니다. 한순간에 열정과 열심으로 개혁을 진행할 수 있지만, 시간과 세월의 진전 앞에 퇴색돼버리기 일쑤입니다. 이러한 개혁을 조롱하고 비웃는 이들은 어디에나 언제나 있고, 그들이 지닌 권력은 쉽게 없어지지 않습니다. 느헤미야 공동체의 개혁 역시 그러했던 것 같습니다. 이러한 현실적 어려움은 개혁을 포기하게 만드는 것이 아니라, 개혁이 얼마나 중요하고 필수적인 일인지를 보여줍니다.

람들과 성전 문지기들에게 주려고 십일조로 거두어들인 곡식
과 새 포도주와 기름과, 제사장들의 몫으로 바친 제물을 두는
곳이다. 6 이 모든 일은, 내가 예루살렘을 비웠을 때에 일어났
다. 나는 바빌론 왕 아닥사스다 삼십이년에 왕을 뵈러 갔다가,
얼마가 지나서 왕에게 말미를 얻어, 7 예루살렘으로 다시 돌아
와서야, 엘리아십이 하나님의 성전 뜰 안에 도비야가 살 방을
차려준 이 악한 일을 알게 되었다. 8 나는 몹시 화가 나서, 도
비야가 쓰는 방의 세간을 다 바깥으로 내던지고, 9 말하였다.
"그 방을 깨끗하게 치운 다음에, 하나님의 성전 그릇들과 곡식
제물과 유향을 다시 그리로 들여다 놓아라."

10 ○ 내가 또 알아보니, 레위 사람들은 그동안에 받을 몫을
받지 못하고 있었다. 그래서 레위 사람들과 노래하는 사람들
은 맡은 일을 버리고, 저마다 밭이 있는 곳으로 떠났다. 11 그
래서 나는, 어쩌자고 하나님의 성전을 이렇게 내버려두었느냐
고 관리들을 꾸짖고, 곧 레위 사람들을 불러 모아서 다시 일을
맡아보게 하였다. 12 그랬더니, 온 유다 사람들이 곡식과 새

성전 재건을 그렇게 방해하던 도비야가 성전 안에 방을 차지할 정도가 되었다는 것은 어떤 의미인가요? 성벽 재건 과정에도 도비야의 영향력은 컸고, 사람들은 끊임없이 느헤미야에게 도비야 이야기를 하면서 느헤미야를 위축시키고 위협했습니다(느 6:17–19). 모든 일이 마무리된 것 같지만, 13장은 이런 기득권 세력이 결코 쉽게 사라지지 않는다는 것을 정확하게 보여줍니다. 도비야와 유다 상류층은 결혼을 포함한 여러 관계로 단단히 얽혀 있었습니다. 느헤미야가 총독 임무를 마무리하고 페르시아로 돌아가자, 아마도 성전 방을 맡고 있던 엘리아십 같은 제사장은 느헤미야가 다시 돌아오지 않을 거라고 판단했을 겁니다. 그래서 성전에서 십일조 등을 모아두던 방을 치워버리고 도비야의 개인 사무실로 제공했습니다. 제사장이 나서서 제사장과 레위 사람 말고는 머물 수 없는 성전 방까지 도비야에게 제공하는 모습을 통해 도비야의 권세와 영향력이 얼마나 큰지 잘 보여줍니다.

포도주와 기름의 십일조를 가지고 와서, 창고에 들여다 놓았
다. 13 나는 셀레먀 제사장과 사독 서기관과 레위 사람 브다야
를 창고 책임자로 삼고, 맛다니야의 손자이며 삭굴의 아들인
하난을 버금 책임자로 삼았다. 그들은 모두 정직하다고 인정
을 받는 사람들이다. 그들이 맡은 일은, 동료들에게 돌아갈 몫
을 골고루 나누어주는 일이었다.
14 ○ "하나님, 내가 한 일을 기억하여주십시오. 하나님의 성
전을 보살핀 일과, 예배를 드릴 수 있도록 정성껏 한 이 일을
잊지 마십시오."
15 ○ 그 무렵에 유다에서는, 안식일에도 사람들이 술틀을 밟
고, 곡식을 가져다가 나귀에 지워서 실어 나르며, 포도주와 포
도송이와 무화과 같은 것을 날라 들였다. 안식일인데도 사람
들이 이런 여러 가지 짐을 지고 예루살렘으로 들어오는 것이
나의 눈에 띄었다. 나는 안식일에는 사고파는 일을 하지 말라
고 경고하였다. 16 예루살렘에는 두로 사람도 살고 있었는데,
그들은 안식일에 물고기와 갖가지 물건을 예루살렘으로 들여
다가, 유다 백성에게 팔았다. 17 그래서 나는 유다의 귀족들을

느헤미야가 예루살렘을 비운 기간은 어느 정도길래, 국가의 기강이 이렇게 사방에서 흔들린 건가요? 6절은 그 기간을 "얼마가 지나서"라고 표현했는데, 구체적으로 어느 정도의 기간이었을지 파악할 수 있는 더 이상의 근거가 없습니다. 누군가 잠시 떠나 있는 사이에 여러 혼란이 벌어지는 일은 역사 속에서나 오늘 우리 일상에서나 그리 낯설지 않습니다. 성전과 제사, 이방인과의 분리, 성벽, 이 세 가지는 에스라기-느헤미야기 사역의 핵심인데, 이 전부가 다 흔들려버렸습니다. 아마도 그리 길지 않은 기간이었을 것 같은데도 이렇게까지 흔들렸다는 점은 느헤미야와 공동체의 개혁이 어지간히도 그들의 욕심과 탐욕을 거스르는 조치이며, 특히 기득권을 누리고 휘두르는 이들에게는 잠시도 용납하기 어려운 조치였음을 보여주는 증거라고 할 수 있습니다.

꾸짖었다. "안식일을 이렇게 더럽히다니, 어쩌자고 이런 나쁜
일을 저지르는 거요? 18 당신들의 조상도 똑같은 일을 하다
가, 우리와 우리 도성이 모두 하나님의 재앙을 받지 않았소?
당신들이야말로 안식일을 더럽혀서, 하나님이 이스라엘 위에
진노를 내리시도록 하는 장본인들이오."
19 ○ 나는, 안식일이 되기 전날은, 해거름에 예루살렘 성문
에 그림자가 드리우면 성문들을 닫도록 하고, 안식일이 지나
기까지 문을 열지 못하게 하였다. 나는 또, 나를 돕는 젊은이
들을 성문마다 세워서, 안식일에는 아무것도 들이지 못하게
하였다. 20 그 뒤로도, 장사하는 이들과 갖가지 물건을 파는
상인들이 예루살렘 성 밖에서 자는 일이 한두 번 있었다. 21 나
는 그들도 꾸짖었다. "어찌하여 당신들은 성 밑에서 잠을 자
고 있소? 다시 한번만 더 그렇게 하면, 잡아들이겠소." 그랬
더니, 그다음부터 안식일에는, 그들이 한 번도 나타나지 않았
다. 22 나는 또 레위 사람들에게, 몸을 깨끗하게 하고 와서 성
문마다 지켜서, 안식일을 거룩하게 지내라고 하였다.
○ "나의 하나님, 내가 한 이 일도 기억하여주십시오. 그지없

안식일에 하는 일들이 그리 대수롭지도 않은 일 같은데, 느헤미야는 안식일을 더럽혔다는 말까지 하면서 꾸짖습니다. 안식일을 어떻게 지내야 하는 건가요? 일주일에 하루 일하지 않는 안식일은 고대 중동 지역에서는 유례를 찾아볼 수 없는 제도였고, 그래서 하나님 백성의 가장 중요한 특징 가운데 하나입니다. 안식일에도 먹고 살아야 하니 음식도 필요하고 물자도 필요하겠지만, 이스라엘은 그 하루를 하나님의 명령을 따라 일하지 않고 쉽니다. 안식일은 그들을 살게 하는 것이 그들의 물자나 수고, 경제력이 아니라 오직 주 하나님이심을 돌아보고 고백하는 행동입니다. 그렇기에 이날에 장사를 하고 일상의 노동을 진행한다면, 이방인과 유다 사람은 아무런 차이가 없을 것입니다. 그렇다면 성벽을 만들 이유도 없겠지요.

이 크신 주님의 사랑으로 나를 너그러이 보아주십시오."
23 ○ 그때에 내가 또 보니, 유다 남자들이 아스돗과 암몬과
모압의 여자들을 데려와서 아내로 삼았는데, 24 그들 사이에
서 태어난 아이들의 절반이 아스돗 말이나 다른 나라 말은 하
면서도, 유다 말은 못하였다. 25 나는 그 아버지들을 나무라
고, 저주받을 것이라고 하면서 야단을 치고, 그들 가운데 몇몇
을 때리기도 하였으며, 머리털을 뽑기까지 하였다. 그런 다음
에 하나님을 두고서 맹세하게 하였다. "당신들은 당신들의 딸
들을 이방 사람의 아들에게 주지 마시오. 당신들과 당신들의
아들들도 이방 사람의 딸을 아내로 데려와서는 안 되오. 26 이
스라엘 왕 솔로몬이 죄를 지은 것도, 바로 이방 여자와 결혼한
일이 아니오? 어느 민족에도 그만한 왕이 없었소. 그는 하나님
의 사랑을 한 몸에 받았으며, 하나님은 그를 온 이스라엘의 왕
으로 삼으셨소. 그러나 그마저 죄를 짓게 된 것은 이방 아내들
때문이오. 27 이제 당신들이 이방 여자들을 아내로 데려와서,
이렇게 큰 잘못을 저지르며 하나님을 거역하고 있는데, 우리
가 어찌 보고만 있을 수 있소?"
28 ○ 대제사장 엘리아십의 손자인 요야다의 아들 가운데 하

이방 여자를 아내로 삼은 일이 문제가 됩니다. 이런 일이 그때는 맞았지만 지금은 틀린 일 아닌가요? 앞에서도 언급했듯이, 이미 구약 시대에도 이방인과 결혼한 사례가 곳곳에 있습니다. 대표적으로 유다 지파 보아스는 모압 여인 룻과 결혼합니다. 이방인과 단절하라고 하지만, 여호와께 연합한 이방인은 하나님의 성전에서 제사할 수 있습니다(사 56:6-7). 바울은 신앙을 갖지 않은 사람과 결혼한 신자에게 가능하면 가정을 지키라고 권합니다(고전 7:12-17). 그러므로 관건은 이방인이냐 아니냐가 아니라, 주 하나님 한 분을 믿고 따르는 신앙을 버리게 하느냐 아니냐에 있습니다. 본문 24절을 보면 이방 여인과 결혼한 가정의 자녀가 유다 말을 못한다고 나

나가 호론 사람 산발랏의 사위가 되었기에, 나는 그자를, 내
앞에서 얼씬도 못하도록 쫓아냈다.
29 ○ "나의 하나님, 그들을 잊지 마십시오. 그들은 제사장
직을 더럽히고, 제사장과 레위 사람의 언약을 저버린 자들입
니다."
30 ○ 나는 제사장들과 레위 사람들에게 묻은 이방 사람의 부
정을 모두 씻게 한 뒤에, 임무를 맡겨 저마다 맡은 일을 하게
하였다. 31 또 사람들에게 때를 정하여주어서, 제단에서 쓸 장
작과 처음 거둔 소산을 바치게 하였다.
○ "나의 하나님, 나를 기억하여주시고, 복을 내려주십시오."

오는데, 그렇다면 하나님의 율법을 제대로 이해하고 따르는 것도 쉽지 않게 되었음을 의미합니다. 그러므로 지금으로부터 수천 년 전을 배경으로 한 성경 내용을 글자 그대로 오늘의 현실에 적용할 수는 없습니다. 취지가 무엇이었는지 잘 살피고 오늘의 현실과 연관시키려는 노력은 성경을 읽는 모든 이들에게 반드시 필요한 태도입니다.

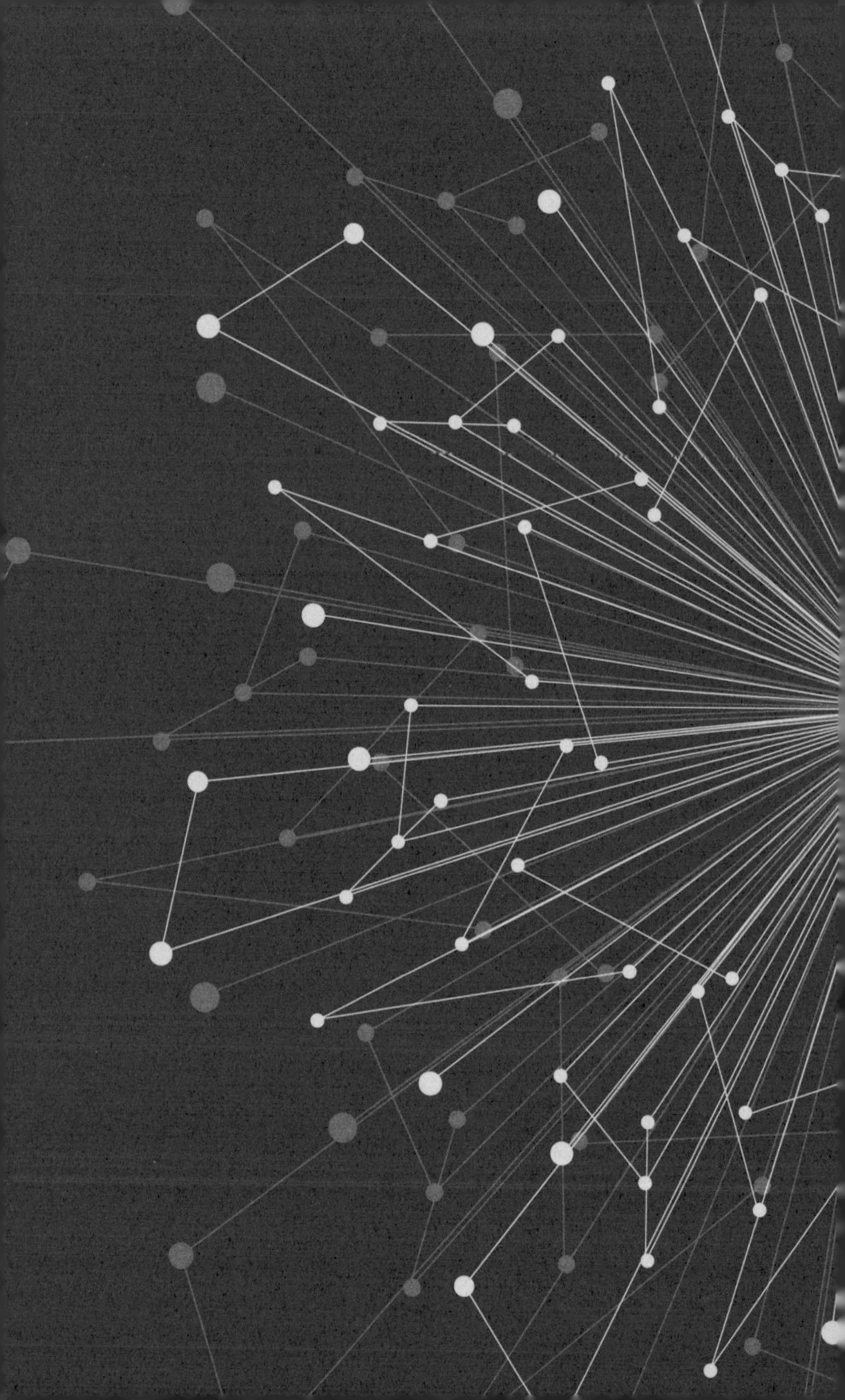

에스더기

Esther

에스더기를 읽는 독자들에게

낯선 땅에서
하나님 없이
하나님과 함께 살아가기

에스더기가 비록 명시적으로 드러내 언급하지는 않지만,
이 책의 중심 주제는 주 하나님과 그분의 율법에 대한
충성이라고 말할 수 있습니다. 하만의 음모와 계략이 치밀했음에도
결국 에스더가 모든 상황을 바로잡습니다.
에스더기는 한 번도 하나님을 언급하지 않지만,
하나님께서 어떻게 온 세상의 우연 같은 역사를
그 뜻대로 이끌어가시는지를 강력하게 증언합니다.
모르드개와 에스더가 주인공인 것 같지만,
이 책은 철저하게 하나님께서 역사의 주인 되심을 보여줍니다.

이방 땅에서 살아가는 하나님 백성의 삶

에스라와 느헤미야는 페르시아 지역에서 유다 땅으로 돌아갔지만, 고국으로 돌아가지 않고 포로로 끌려온 땅에서 대대로 살아가는 이스라엘 백성도 있었습니다. 주전 587년 예루살렘의 멸망이 이스라엘에 가져온 큰 변화 가운데 하나는 더 이상 예루살렘과 유다 땅에 살지 않는 이스라엘 백성이 아주 많이 존재한다는 사실입니다. 성전이 없고 자신들의 왕도 없는 이방 땅에서 어떻게 주 하나님을 섬기고 살아갈까요? "우리가 어찌 이방 땅에서 주님의 노래를 부를 수 있으랴"(시 137:4).

낯선 곳에서 하나님의 백성으로 살아가는 삶은 하나님의 부르심을 따라 가나안 땅으로 이주해온 아브라함 이야기에서부터 시작되었고, 머나먼 이집트까지 끌려가서 살게 된 요셉 이야기가 그 절정이라 할 수 있습니다. 다니엘서 역시 이방 땅에서 여호와 신앙을 굳게 지키며 살아간 삶을 보여주고, 에스더기 역시 이방 땅에서의 하나님 백성의 삶을 전해줍니다.

하나님을 의도적으로 숨긴 책

에스더기의 가장 큰 특징은 주 하나님에 대한 언급이 일절 나타나지 않는다는 점입니다. 그뿐 아니라 기도나 제사, 하나님 경배에 대한 내용도 전혀 없습니다. 유다인 전부가 몰살당할

에스더기를 읽는다는 것은 하나님 이야기를 전혀 하지 않으면서 마음 깊이 하나님을 신뢰하며 살아가는 사람들의 이야기를 읽는 것을 의미합니다. 그것이 페르시아라는 낯선 땅에서 주 하나님을 신뢰하며 살아가는 하나님 백성의 모습을 보여줍니다.

위기가 닥쳤을 때, 모르드개와 에스더가 옷을 찢고 굵은 베옷을 입고 금식했다는 언급은 있어도, 하나님께 기도했다는 내용은 등장하지 않습니다. 이런 점에서 이 표현들에 대한 에스더기의 침묵은 의도적임을 알 수 있습니다.

'에스더'라는 이름은 아마도 '별'을 의미하는 페르시아어일 수 있지만, '숨기다'를 의미하는 히브리어 동사의 한 형태로도 볼 수 있습니다. 이런 면에서 에스더기는 하나님을 숨긴 책, 하나님이 겉으로 드러나 보이지 않는 책입니다. 그래서 에스더기를 읽는다는 것은 하나님 이야기를 전혀 하지 않으면서 마음 깊이 하나님을 신뢰하며 살아가는 사람들의 이야기를 읽는 것을 의미합니다. 그것이 페르시아라는 낯선 땅에서 주 하나님을 신뢰하며 살아가는 하나님 백성의 모습을 보여줍니다.

반전과 아이러니, 에스더기가 주는 색다른 즐거움

에스더기의 배경은 페르시아 아하수에로 왕(혹은 크세르크세스, 주전 486-465년)의 시대입니다. 바빌론 땅에 끌려온 포로였던 베냐민 지파 후손인 모르드개와 그의 사촌 에스더가 이 책의 주인공들입니다. 페르시아 왕이 자신의 새로운 왕후를 공개적으로 찾고, 놀랍게도 에스더가 왕비로 간택됩니다. 평소 모르드개를 미워하던 페르시아의 신하 하만이 모르드개와 그의 동포 유다인을 몰살하기 위해 음모를 꾸미지만, 모르드개는 그에 굴복하지 않습니다. 그리고 에스더가 목숨을 걸고 페르시아 왕 앞에 나아가면서 마침내 하만의 음모를 드러낼 수 있었습니다. 결국 이들을 죽이려 했던 하만이 도리어 죽임을 당하고, 몰살당할 뻔했던 유다인들 역시 자신들을 죽이려던 사람들에게 복수할 수 있었습니다. 유다 사람들은 이날을 기념해 부림절로 지켰고, 모르드개는 아하수에로 왕 다음가는 존귀한 지위에 올라 그의 백성의 이익을 도모하고 자신의 종족들을 위로했습니다.

에스더기는 한마디로 '반전'을 보여줍니다. 포로에서 왕비로, 죽임당할 위기에서 죽이는 자리로, 천한 자리에서 존귀한 자리로의 반전이 이 책 처음부터 끝까지 일관되게 사용됩니다. 이 책에는 또한 '아이러니'가 무수하게 쓰입니다. 가령, 광대한 영토를 다스리는 페르시아 왕은 자신의 아내도 제대로 대하지 못하면서 남편이 자기 집을 주관해야 한다는 조서를 내린다는 식입니다(더 1:12, 21-22). 이 책을 읽으면서 곳곳에서 그러한 문학적인 장치와 표현 방식을 발견하는 것도 즐거운 일입니다. 에스더기는 역사를 배경으로 풀어낸 소설의 형식을 띄고 있기에, 사건의 발단과 전개, 절정, 결말을 살피며 읽어가는 것도 역시 즐거운 일입니다.

우연 같은 역사를 이끌어가는 진정한 주인공

문학작품을 읽는 즐거움도 있지만, 성경의 한 권으로서 에스더기가 전하는 신앙적인 가르침도 풍부합니다. 무엇보다도 이 책은 비록 이방 땅에 살고 있더라도 이스라엘은 하나님께서 구별하신 백성임을 확고하게 전제하면서, 그에 따른 삶을 살도록 흩어져 살아가는 유다 사람들에게 권합니다. 모르드개와 유다인을 제거하려는 하만은 이들을 가리켜 "그들은 자기들끼리만 모여서 삽니다. 그들의 법은 다른 어떤 백성들의 법과도 다릅니다. 더욱이, 그들은 임금님의 법도 지키지 않습니다"(더 3:8)라고 묘사합니다. 여기서 그들의 법은 바로 조상들로부터 전해 내려온 주 하나님의 율법을 가리킵니다. 낯선 땅에서 살지만, 어디에서건 주 하나님의 율법을 따라 구별된 삶을 사는 것이 유다 사람들의 정체성이었습니다.

페르시아와 같은 광대한 나라에 편입된 여타 소수 민족들은 대체로 곧바로 압도적인 페르시아의 문화에 휩쓸려버리지만, 지극히 소수 민족이었음에도 유다 사람들은 페르시아 곳곳에서 율법에 따라 그들의 전통 신앙과 삶을 견지했습니다. 그러므로 에스더기가 비록 명시적으로 드러내 언급하지는 않지만, 이 책이 중심 주제는 주 하나님과 그분의 율법에 대한 충성이라고 말할 수 있습니다. 하만의 음모와 계략이 치밀했음에도 결국 에스더가 모든 상황을 바로잡습니다.

에스더기는 한 번도 하나님을 언급하지 않지만, 하나님께서 어떻게 온 세상의 우연 같은 역사를 그 뜻대로 이끌어가시는지를 강력하게 증언합니다. 모르드개와 에스더가 주인공인 것 같지만, 이 책은 철저하게 하나님께서 역사의 주인 되심을 보여줍니다.

위협 앞에서 어떻게 믿음과 정체성을 지킬 것인가

자신들을 죽이려던 원수들을 도리어 모두 죽이는 내용 때문에 '편협한 민족주의'라는 인상을 줄 수도 있지만, 실상 에스더기는 죽음의 위기에 처한 소수의 비주류인 이들이 강력한 세력들의 위협에도 불구하고 자신들의 생존을 지켜낸 것을 말합니다. 여기에서 에스더기에 등장하는 남성들, 즉 페르시아 왕과 하만, 모르드개는 무척이나 극단적인 반면, 에스더는 신중하고 현실을 두루 살피되 해야 할 일은 과감하게 목숨을 걸고 실행해 상황을 변화시킨다는 점도 주목할 만합니다. 남성은 문제를 일으키되 여성은 문제를 해결합니다.

아울러 에스더기에서 내시의 역할이 군데군데 언급된다는 점도 특별합니다(더 2:3, 9, 15; 4:5-13; 7:9). 그들은 남성도 여성도 아니지만, 에스더를 보호하고 따르며 에스더에게 유리한 방향으로 상황을 이끌어갑니다. 세상에서 두드러진 사람이 아니라 잘 보이지 않고 멸시받던 이들이 오히려 그럴싸하고 위엄을 부리는 이들보다 중요한 역할을 수행합니다.

그런 점에서 부림절은 이방 민족에게 복수하는 날이라기보다는 소수의 약자들을 지키고 보호하시는 하나님을 기념하는 날이며, 우리가 홀로 있지 않고 함께 있음을 깨닫게 하는 절기라고 할 수 있습니다. 이방 땅에서 살아가야 하는 유다인들에게 이와 같은 위협은 그리 드물지 않았다는 점에서 에스더기는 억압과 멸종의 위협 앞에 선 이들이 어떻게 자신들의 믿음과 정체성을 지켰는지 알려줍니다. 그럼에도 불구하고 에스더기 안에는 여전히 배타주의라 할 만한 요소가 있는 것도 사실이며, 이 점 역시 오늘날의 교회에게 스스로를 돌아보게 합니다.

에스라기-느헤미야기, 에스더기에서 우리는 하나님께서 그 백성들에게 친히 말씀하시는 것을 발견할 수 없으며, 초자연적인 기적도 전혀 찾아볼 수 없습니다. 여기에 등장하는 이들은 기도하면서 하나님의 뜻을 깨닫고, 율법을 연구하며 그분의 원하심을 발견하고, 그것을 현실에 그들 나름대로 적용해 가는 사람들입니다. 이처럼 포로기 이후의 시대는 하나님의 직접적이고 가시적인 나타나심이 드러나지 않지만, 율법책과 그들이 알고 깨달은 하나님에 대한 이해에 따라 자신의 삶을 하나님께 드리며 살아가던 시기였습니다. 이들은 "하나님 없이 하나님과 함께" 살아가고 있습니다!

{ 제1장 }

와스디 왕후가 폐위되다

1 아하수에로 왕 때에 있은 일이다. 아하수에로는 인도에서
에티오피아에 이르기까지 백스물일곱 지방을 다스린 왕이다.
2 아하수에로 왕은 도성 수산에서 왕위에 올라, 3 나라를 다
스린 지 삼 년째 되던 해에, 모든 총독들과 신하들을 불러서
잔치를 베풀었다. 페르시아와 메대의 장수들과 귀족들과 각
지방 총독들을 왕궁으로 초대하여, 4 자기 왕국이 지닌 영화
로운 부요와 찬란한 위엄을 과시하였다. 잔치는 여러 날 동안,
무려 백팔십 일이나 계속되었다.
5 ○ 이 기간이 끝난 뒤에, 왕은 도성 수산에 있는 백성을, 빈
부귀천을 가리지 않고 모두 왕궁 정원 안뜰로 불러들여서, 이
레 동안 잔치를 베풀었다. 6 정원에는, 흰 실과 붉은빛 털실
로 짠 휘장을 쳤는데, 그 휘장은, 대리석 기둥의 은고리에 흰
실과 보랏빛 실로 꼰 끈으로 매달았다. 화반석과 백석과 운모
석과 흑석으로 덮인 바닥에는, 금과 은으로 입힌 의자들이 놓

아하수에로 왕은 어떤 인물인가요? 일반 역사에서는 크세르크세스(Xerxes)라고 불리는 페르시아의 왕입니다. 주전 486년부터 465년까지 다스렸으며, 이집트와 바빌론까지 완전히 장악했습니다. 특히 그는 그리스와 전쟁을 시작했으나 쉽게 그리스를 정복하지 못해 이 일은 다음 왕들에게로 넘어갔고, 결국 그리스와의 오랜 전쟁으로 인해 페르시아는 현저하게 쇠퇴합니다. 에스더기에서 이 왕은 스스로 대단한 위엄을 과시하지만, 자신의 왕비를 구경거리로 삼으려다가 실패하고 신하 하만의 음모에 좌우되는 우스꽝스러운 존재로 그려집니다. 자신이 온 세상의 왕이라 생각하는 왕의 모습을 보여주면서 에스더기는 권력의 이런저런 모습을 풍자합니다.

여 있었다. 7 술잔은 모두 금잔이었는데, 모양이 저마다 달랐
다. 왕이 내리는 술은 풍성하였다. 8 그날은 어전 음주법을 따
르지 않았으므로, 많이 마시고 싶은 사람은 많이, 적게 마시고
싶은 사람은 적게 마셨다. 그것은, 왕이 모든 술 심부름꾼에
게, 마실 이들이 원하는 만큼 따라주라고 지시하였기 때문이
다. 9 와스디 왕후도 부인들을 초대하여, 아하수에로 왕의 그
궁궐 안에서 산치를 베풀었다.
10 ○ 이레가 되는 날에, 왕은 술을 마시고, 기분이 좋아지자,
자기를 받드는 일곱 궁전 내시 곧 므후만과 비스다와 하르보
나와 빅다와 아박다와 세달과 가르가스에게 이르기를, 11 와
스디 왕후가 왕후의 관을 쓰고, 왕 앞으로 나오게 하라고 명령
하였다. 왕후가 미인이므로, 왕은 왕후의 아름다움을 백성과
대신들 앞에서 자랑하고 싶었던 것이다. 12 그러나 와스디 왕
후는 내시들에게 왕의 명령을 전하여 듣고도, 왕 앞에 나오기
를 거절하였다. 이 소식을 들은 왕은, 화가 몹시 났다. 마음속
에서 분노가 불같이 치밀어 올랐다.

아하수에로 왕은 와스디 왕후의 일을 처리하고 싶어 관례대로 법 전문가와 의논합니다. 왕이 절대 권력을 갖고 있는 것 같은데, 굳이 이런 절차를 거치는 이유는 무엇인가요? 1장 내용은 온통 지나친 것으로 가득합니다. 127지방을 다스린다(1절)는 표현은 왕의 대단함을 단적으로 보여줍니다. 이 왕은 부요와 위엄을 과시하기 위해 모든 총독과 신하를 불러 180일간이나 잔치를 벌이고(3–4절), 이후에도 모든 도성의 백성을 다 불러 7일간 잔치를 이어갑니다(5절). 정원에 대한 묘사(6절), 술잔과 술에 대한 묘사(7–8절)도 1장의 '지나침'을 부각시킵니다. 왕비를 부르느라 보낸 일곱 내시 역시 그렇습니다. 이 대단한 왕이 도무지 마음대로 통제할 수 없는 왕비 와스디의 거절 하나로 와르르 무너집니다. 그리고 왕비에게 분노한 임금은 일곱 대신을 불러 이 문제를 상의합니다. 1장의 모든 묘사는 왕이 얼마나 허세에 사로잡혀 있는지 풍자적으로 보여줍니다.

13 ○ 왕은 곧 법에 밝은 측근 전문가들과 이 일을 의논하였
다. 왕이 법과 재판에 관하여 잘 아는 이들과 의논하는 것은
그 나라의 관례였다. 14 왕 옆에는 가르스나와 세달과 아드마
다와 다시스와 메레스와 마르스나와 므무간 등 페르시아와 메
대의 일곱 대신이 있어서, 늘 왕과 직접 대면하여 의견을 나
누었는데, 그들은 나라 안에서 벼슬이 가장 높은 사람들이었
다. 15 "내시들을 시켜서 전달한 나 아하수에로의 왕명을 와
스디 왕후가 따르지 않았으니, 이를 법대로 하면, 어떻게 처리
해야 하오?" 16 므무간이 왕과 대신들 앞에서 대답하였다. "와
스디 왕후는 임금님께만 잘못을 저지른 것이 아니라, 아하수
에로 왕께서 다스리시는 각 지방에 있는 모든 신하와 백성에
게도 잘못을 저질렀습니다. 17 왕후가 한 이 일은 이제 곧 모
든 여인에게 알려질 것입니다. 그렇게 되면, 여인들은 아하수
에로 왕이 와스디 왕후에게 어전에 나오라고 하였는데도, 왕
후가 나가지 않았다고 하면서, 남편들을 업신여기게 될 것입
니다. 18 페르시아와 메대의 귀부인들이 왕후가 한 일을 알게

대신이 고한 내용을 보면 왕의 비위를 맞추기 위해 의미를 침소봉대한 느낌이 듭니다. 그 결과 왕이 내린 조서에서 선포된 내용은 다소 엉뚱해 보이고요. 어떻게 이해해야 하나요? 그야말로 풍자와 비꼼이 1장에 가득합니다. 페르시아와 메대의 대단하다는 일곱 대신이 왕의 자문에 대해 진지하게 의논한 결과가 "모든 아내는 남편 말을 잘 들어야 한다"는 왕의 칙령을 내리라는 것인데, 이 역시 누구라도 들으면 웃음을 터뜨리게 됩니다. 정작 자신의 왕비를 움직일 수 없는 왕은 그를 쫓아내는 것으로 결론지은 처지면서, 무척이나 엄숙하고 장엄하게 남편이 집을 주관하게 하라고 선포하는 모습은 '아이러니'의 절정입니다. 에스더기는 이제 등장할 모르드개와 에스더의 모습을 보여주고자 하지만, 그 와중에 그토록 대단한 영역을 지배하는 페르시아 왕과 신하들의 모습, 자신들의 권력으로 세상 모두를 좌우할 수 있다 여기는 권력자들의 모습을 비꼬며 풍자합니다.

되면, 오늘 당장 임금님의 모든 대신에게도 같은 식으로 대할
것입니다. 그러면 멸시와 분노가 걷잡을 수 없이 되풀이될 것
입니다. 19 그러니 임금님만 좋으시다면, 와스디 왕후가 다시
는 아하수에로 임금님의 어전에 나오지 못하도록 어명을 내
리시고, 그것을 페르시아와 메대의 법으로 정하여, 고치지 못
하도록 하셔야 할 줄 압니다. 그리고 왕후의 자리는 그 여인보
다 더 훌륭한 다른 사람에게 주시는 것이 마땅하다고 생각합
니다. 20 왕의 칙령이 이 큰 나라 방방곡곡에 선포되면, 낮은
사람이고 높은 사람이고 할 것 없이, 모든 여인이 저마다 자기
남편에게 정중하게 대할 것입니다."
21 ○ 왕과 대신들은 그의 말이 옳다고 여기고, 왕은 즉시 므
무간이 말한 대로 시행하였다. 22 왕은 그가 다스리는 모든 지
방에 조서를 내렸다. 지방마다 그 지방에서 쓰는 글로, 백성마
다 그 백성이 쓰는 말로 조서를 내려서 "남편이 자기 집을 주
관하여야 하며, 남편이 쓰는 말이 그 가정에서 쓰는 일상 언어
가 되어야 한다"고 선포하였다.

{ 제2장 }

에스더가 왕후가 되다

1 이러한 일이 있은 지 얼마 뒤에, 아하수에로 왕은, 분노가 가
라앉자 와스디 왕후가 생각나고 왕후가 저지른 일과 그리고
그것 때문에 자기가 조서까지 내린 일이 마음에 걸렸다. 2 왕
을 받드는 젊은이들이 이것을 알고 왕에게 말하였다. "임금님
을 모실 아리땁고 젊은 처녀들을 찾아보게 하시는 것이 좋겠습
니다. 3 임금님께서 다스리시는 각 지방에 관리를 임명하시고,
아리땁고 젊은 처녀들을 뽑아서, 도성 수산으로 데려오게 하시
고, 후궁에 불러다가, 궁녀를 돌보는 내시 헤개에게 맡기시고,
그들이 몸을 가꿀 화장품을 내리십시오. 4 그리하신 뒤에, 임
금님 마음에 드는 처녀를 와스디 대신에 왕후로 삼으심이 좋을
듯합니다." 왕은 그 제안이 마음에 들어서 그대로 하였다.
5 ○ 그때에 도성 수산에는 모르드개라고 하는 유다 남자가

소설책 같기도 하고 드라마 한 편을 보는 것 같기도 합니다. 저자가 목적을 가지고 이런 형식을 취한 건가요? 그렇게 보는 것이 타당합니다. 에스더기는 사건의 발단, 전개, 절정, 결말을 뚜렷하게 지닌 소설의 형식을 취하고 있습니다. 여기에 아하수에로 왕과 페르시아라는 배경이 제시되어 있지만, 본문의 내용이 에스더기 말고는 그 어디에도 언급되지 않아서 우리는 사실 여부를 확인할 길이 없습니다. 5절과 6절은 모르드개 가문이 예루살렘에서 바빌론으로 포로로 끌려온 사람임을 알려줍니다. 자신들의 땅에서 이렇게 완전히 낯선 이방 땅으로 끌려왔지만, 삶은 끝난 것이 아니며 그곳에서도 하나님의 백성으로 살아가야 합니다. 에스더기는 낯선 땅에서 어떻게 살아갈 것인가를 보여주기 위해 이 같은 소설 형식을 취했다고 할 수 있습니다. 아하수에로 왕과 그의 연대에 대한 언급은 소설의 상황을 훨씬 더 진지하게 만들어 설득력을 높이는 역할을 합니다.

있었다. 그는 베냐민 지파 사람으로서, 아버지는 야일이고, 할
아버지는 시므이이고, 증조부는 기스이다. 6 그는 바빌론 왕
느부갓네살이 예루살렘에서 유다 왕 여고냐와 그의 백성을 포
로로 끌고 왔을 때에, 함께 잡혀온 사람이다. 7 모르드개에게
는 하닷사라고 하는 사촌 누이동생이 있었다. 이름을 에스더
라고도 하는데, 일찍 부모를 여의었으므로, 모르드개가 데려
다가 길렀나. 에스더는 몸매도 아름답고 얼굴도 예뻤다. 에스
더가 부모를 여의었을 때에, 모르드개가 그를 딸로 삼았다.
8 ○ 왕이 내린 명령과 조서가 공포되니, 관리들은 처녀를 많
이 뽑아서 도성 수산으로 보내고, 헤개가 그들을 맡아 돌보았
다. 에스더도 뽑혀서, 왕궁으로 들어가 궁녀를 맡아 보는 헤개
에게로 갔다. 9 헤개는 에스더를 좋게 보고, 남다른 대우를 하
며, 곧바로 에스더에게 화장품과 특별한 음식을 주었다. 또 궁
궐에서 시녀 일곱 명을 골라, 에스더의 시중을 들게 하고, 에
스더를 시녀들과 함께 후궁에서 가장 좋은 자리로 옮겨서, 그
곳에서 지내게 하였다. 10 에스더는 자기의 민족과 혈통을 밝
히지 않았다. 모르드개가 에스더에게, 그런 것은 밝히지 말라

모르드개가 에스더에게 자신의 민족과 혈통을 밝히지 말라(10절)고 한 데는 어떤 의도가 있나요? 이미 1장은 광대한 제국을 지닌 왕이 어떻게 불안정한 인격을 지닌 존재인지 보여주었고, 그를 보좌하는 신하들 역시 진지하지만 어리석은 집단임을 보여주었습니다. 이후 얼마의 시간이 지났는지 모르지만, 2장 첫머리에서 왕은 그렇게 타오르던 분노가 금세 다 사라져버린 상태입니다. 그리고 이러한 현실 속에서 모르드개와 에스더는 사로잡혀 온 자로 살아갑니다. 유다인임을 숨기는 것은 이처럼 낯선 바빌론 땅에서 오랜 세월 살아오면서 겪었던 위협과 어려움을 반영합니다. 3장 이후 이어지는 내용은 결국 모르드개가 유다 사람이라는 이유 하나 때문에 실제로 큰 어려움을 겪는 것을 보여줍니다. 지금 에스더의 출신을 밝히지 않는 것은 뒤에 나올 내용과 연관 있는 복선이 됩니다.

고 단단히 일러두었기 때문이다. 11 모르드개는, 에스더가 잘
지내는지, 또 에스더가 어떻게 될지를 알려고, 날마다 후궁 근
처를 왔다 갔다 하였다.
12 ○ 처녀들은, 아하수에로 왕 앞에 차례대로 나아갈 때까지,
정해진 미용법에 따라서, 열두 달 동안 몸을 가꾸었다. 처음
여섯 달 동안은 몰약기름으로, 다음 여섯 달 동안은 향유와 여
러 가지 여성용 화장품으로 몸을 가꾸었다. 13 처녀가 왕 앞에
나아갈 때에는, 원하는 것은 무엇이든지 다 주어서, 후궁에서
대궐로 가지고 가게 하였다. 14 저녁에 대궐로 들어간 처녀가,
이튿날 아침에 나오면, 후궁들을 맡아보는 왕의 내시 사아스
가스가 별궁으로 데리고 갔다. 왕이 그를 좋아하여 특별히 지
명하여 부르지 않으면, 다시는 왕 앞에 나아갈 수 없었다.
15 ○ 드디어 모르드개의 삼촌 아비하일의 딸, 곧 모르드개가
자기의 딸로 삼은 에스더가 왕에게 나아갈 차례가 되었다. 에

에스더가 마침내 페르시아의 왕비가 되었다니 대단한 성공으로 보입니다. 에스더기는 결국 어려운 형편에서 크게 성공한 사람의 이야기인가요? 6절의 경우 우리 말로는 '포로' 혹은 '잡혀온' 같은 표현이 2번 쓰이지만, 히브리어로는 4번이나 쓰여서 모르드개와 에스더의 처지를 보여줍니다. 그들은 자신들의 뜻과는 무관하게 남의 땅에 끌려온 이들이며, 그곳에서 철저하게 비주류의 낮은 계층으로 살아가고 있습니다. 그런 에스더가 왕비가 됩니다. 그런데 이 과정은 모르드개나 에스더의 뜻과는 전혀 무관하며, 이것은 여러 번 사용된 수동형 동사에서 볼 수 있습니다. 에스더는 '뽑혀서' 왕궁에 들어가고(8절), 왕의 침전으로 '불려' 들어갔습니다(16절). 유다 사람이 바빌론 땅에 끌려왔듯이, 이제 에스더는 페르시아 왕궁에 의해 취해진 것입니다. 유다 민족에게 일어난 일이 에스더 개인에게 일어났습니다. 에스더에게 일어난 개인적인 일은 이제 유다 사람에게 일어난 정치적인 현실과 맞물립니다! 그래서 에스더가 왕비가 된 것은 개인의 성공과 출세가 아니라, 자신의 뜻과 무관하게 끌려간 땅에서 하나님 백성으로 어떻게 살아갈 것인가를 보여주는 사건의 시작일 따름입니다.

스더는 궁녀를 돌보는 왕의 내시 헤개가 하라는 대로만 단장
을 하였을 뿐이고, 다른 꾸미개는 요구하지 않았다. 그런데도
에스더는, 누가 보아도 아리따웠다. 16 그가 아하수에로 왕의
침전으로 불려 들어간 것은, 아하수에로가 다스린 지 칠 년째
되는 해 열째 달 곧 데벳월이었다. 17 왕은 에스더를 다른 궁
녀들보다도 더 사랑하였다. 에스더는 모든 처녀들을 제치고,
왕의 귀여움과 사랑을 독차지하였다. 드디어 왕은 에스더의
머리에 관을 씌우고, 와스디를 대신하여 왕후로 삼았다. 18 왕
은 에스더를 위하여 큰 잔치를 베풀고, 대신들과 신하들을 다
초대하였으며, 전국 각 지방에 세금을 면제하여주고, 왕의 이
름으로 여러 가지 상을 푸짐하게 내렸다.

모르드개가 왕의 목숨을 구하다

19 ○ 처녀들이 두 번째로 소집된 일이 있는데, 그때에, 모르
드개는 대궐에서 일을 맡아보고 있었다. 20 에스더는, 자기의
혈통과 민족에 관해서는, 모르드개가 시킨 대로, 입을 다물었
다. 에스더는, 모르드개의 슬하에 있을 때에도, 모르드개가 하

왕을 암살하려는 모의를 사전에 막았음에도 일등 공신 모르드개에 대한 치하는 보이지 않습니다. 대단한 일로 평가받지 못한 건가요? 아닙니다. 모르드개가 반역 음모를 미리 알아내 막을 수 있었던 일은 큰 사건입니다. 그러나 이유를 알 수 없이 제대로 포상이 이루어지지 않은 채 넘어갔고, 이 일은 훗날 가장 적절한 때에 가장 적절하게 밝혀질 것입니다. 에스더기의 저자는 이후의 사건 전개를 위한 복선으로 이 점을 슬쩍 언급하고 넘어가며 독자들의 흥미를 끕니다. 때로 우리가 한 좋은 일을 사람들이 몰라줄 때가 있지만, 그 일은 사라지지 않고 반드시 우리의 삶에 어떤 식으로든 결과를 가져오고 열매를 맺을 것입니다.

는 말은 늘 그대로 지켰다.

21 ㅇ 모르드개가 대궐 문에서 근무하고 있을 때에, 문을 지키
는 왕의 두 내시 빅단과 데레스가 원한을 품고, 아하수에로 왕
을 죽이려는 음모를 꾸몄다. 22 그 음모를 알게 된 모르드개는
에스더 왕후에게 이 사실을 알리고, 또 에스더는 그것을, 모르
드개가 일러주었다고 하면서, 왕에게 말하였다. 23 사실을 조
사하여보고, 음모가 밝혀지니, 두 사람을 나무에 매달아 죽였
다. 이런 사실은, 왕이 보는 앞에서 궁중실록에 기록되었다.

{ 제3장 }

하만이 유다 사람 말살을 음모하다

1 이런 일들이 있은 지 얼마 뒤에, 아하수에로 왕은 아각 사람
함므다다의 아들 하만을 등용하여, 큰 벼슬을 주고, 다른 대신
들보다 더 높은 자리에 앉혔다. 2 대궐 문에서 근무하는 신하
들은, 하만이 드나들 때마다 모두 꿇어 엎드려 절을 하였다. 하
만을 그렇게 대우하라는 왕의 명령이 있었기 때문이다. 그러
나 모르드개는 무릎을 꿇지도 않고, 절을 하지도 않았다. 3 모
르드개가 그렇게 하니, 대궐 문에서 근무하는 왕의 신하들이
모르드개를 나무랐다. "어찌하여 왕의 명령을 지키지 않소?"
4 그들이 날마다 모르드개를 타일렀으나, 모르드개는 그들의
말을 듣지 않았다. 마침내, 그들은 하만에게 이런 사실을 알렸
다. 그들은, 모르드개가 스스로 유다 사람이라고 말한 적이 있

갑자기 등장한 하만에 대한 왕의 신임이 대단한 반면, 모르드개는 그를 대놓고 무시합니다. 모르드개는 왜 하만과 대립각을 세우는 건가요? 2장과 3장의 전환은 독자로 하여금 어이없다는 생각을 하게 합니다. 일부의 반역을 알아채고 왕에게 알려 위기를 넘어가게 한 이는 모르드개인데, 정작 왕이 높은 지위에 올린 사람은 하만이니 말입니다. 특히 에스더기의 저자는 하만을 '아각 사람'이라고 밝혀둡니다. 사울 왕이 아말렉과 싸울 때 하나님의 명령에도 불구하고 아말렉의 임금 아각을 살려두었고, 그로 인해 하나님의 예언자 사무엘에게 책망을 받았습니다(삼상 15장). 모르드개가 베냐민 지파이고 그의 조상이 기스라는 사실은 사울의 아버지 기스를 떠올리게 하면서 사울과 아각, 모르드개와 하만을 대립시켜 생각하게 합니다. 모르드개가 하만에게 절하지 않는 이유를 본문이 전혀 설명하지 않아서 알 수 없지만, 독자들은 오래된 대립을 떠올리게 됩니다. '되살아난 사울'인 모르드개와 '되살아난 아각'인 하만 사이의 대립을 염두에 두면 둘 사이의 갈등을 조금 더 잘 이해할 수 있습니다.

으므로, 그의 그런 행동이 언제까지 용납될 수 있는지 두고 볼
셈이었다. 5 하만은, 모르드개가 정말로 자기에게 무릎을 꿇지
도 않고, 자기에게 절도 하지 않는 것을 보고, 화가 잔뜩 치밀
어 올랐다. 6 더욱이, 모르드개가 어느 민족인지를 알고서는,
하만은 모르드개 한 사람만을 죽이는 것은 너무 가볍다고 생각
하였다. 하만은, 아하수에로가 다스리는 온 나라에서, 모르드
개와 같은 겨레인 유다 사람들을 모두 없앨 방법을 찾았다.
7 ○ 아하수에로 왕 십이년 첫째 달 니산월이다. 사람들은 유
다 사람들을 어느 달 어느 날에 죽일지, 그날을 받으려고, 하
만이 보는 앞에서 주사위의 일종인 '부르'를 던졌다. 주사위가
열두째 달인 아달월 십삼일에 떨어졌다. 8 하만은 아하수에로
왕에게 말하였다. "임금님께서 다스리시는 왕국의 여러 지방
에 널리 흩어져 사는 민족이 하나 있는데, 그들은 자기들끼리
만 모여서 삽니다. 그들의 법은 다른 어떤 백성들의 법과도 다

모르드개에게 분노한 나머지, 모르드개 한 사람이 아닌 민족 전체를 말살하려는 하만의 처사는 지나쳐 보입니다. 그 당시에도 유다 사람들은 미운털이 박힌 민족이었나요? 모르드개가 자신에게 절하지 않는다는 것과 그가 유다 사람이라는 소식을 듣자, 하만은 크게 화를 내며 모르드개 개인이 아니라 모르드개가 속한 민족 전체를 없애버려야겠다고 결심합니다. 하만에 대한 모르드개의 태도, 그리고 모르드개의 행동에 대한 하만의 반응 모두 굉장히 격렬한데, 정작 에스더기 본문은 이러한 행동의 배경이나 이유를 전혀 알리지 않습니다. 잡혀온 사람들이 유다 사람인 주제에 자신의 존귀함에 합당한 예를 표하지 않은 것에 하만이 크게 분노했을 수도 있지만, 어찌 되었든 그의 분노는 지나치게 큽니다. 사실 1장부터 시작해서 페르시아 왕궁에서 벌어지는 모든 상황은 과도하며 지나칩니다. 그 자체로 페르시아에 대한 저자의 풍자일 수도 있습니다. 그리고 앞에서 이야기한 대로, 아각 사람 하만과 사울 왕이 속한 베냐민 지파의 후손 모르드개 사이의 오랜 대립을 전제하고 본문을 읽는 것도 좋겠습니다. 이제 아각 사람 하만은 유다 자손을 진멸하려고 합니다!

릅니다. 더욱이, 그들은 임금님의 법도 지키지 않습니다. 임금
님께서 그들을 그냥 두시는 것은 유익하지 못한 일이라고 생
각합니다. 9 임금님께서만 좋으시다면, 그들을 모두 없애도
록, 조서를 내려주시기를 바랍니다. 그러면 저는, 은화 만 달
란트를 임금님의 금고출납을 맡은 관리들에게 주어서 입금시
키도록 하겠습니다." 10 그러자 왕은, 자기 손가락에 끼고 있
는 인장 반지를 빼서, 아각 사람 함므다다의 아들인, 유다 사
람의 원수 하만에게 맡겼다. 11 왕이 하만에게 일렀다. "그 돈
은 경의 것이오. 그 백성도 경에게 맡길 터이니, 알아서 좋을
대로 하시오."
12 ○ 첫째 달 십삼일에, 왕의 서기관들이 소집되었다. 그들은,
하만이 불러주는 대로, 각 지방의 글과 각 민족의 말로 조서를
만들어서, 왕의 대신들과 각 지방의 총독들과 각 민족의 귀족
들에게 보냈다. 조서는 아하수에로 왕의 이름으로 작성되었고,
거기에 왕의 인장 반지로 도장을 찍었다. 13 그렇게 한 다음에,

급기야 유다 사람들 말살의 날이 정해지고, 이는 일사천리로 진행됩니다. 여기에 '은화 만 달란트' 같은 금전 이야기가 등장합니다(9절). 이것은 무슨 의미인가요?

은화 만 달란트는 당시 페르시아 전체 재정과 비슷할 정도로 막대한 양이어서, 하만이 그만한 재력을 지녔을지 의문이 듭니다. 다만 이러한 엄청난 액수에 대한 언급, 그리고 유다 사람을 다 죽이고 그들의 재산을 빼앗으라는 왕의 조서 내용은 이러한 많은 재산이 어떻게 형성되었는지 짐작하게 합니다. 하만의 말을 들은 왕은 더 이상 아무것도 알아보지 않은 채, 모든 것을 결정할 수 있는 권한의 상징인 자신의 반지를 빼어서 그에게 줍니다. 왕은 분별력이 전혀 없고, 사건의 진상을 확인하지도 않습니다. 이를 이용해서 하만은 유다 사람을 완전히 몰살시키려고 합니다(13절에는 죽이라는 의미의 표현이 세 번이나 달리 쓰입니다). 첫째 달 13일이면 유다인의 절기상 유월절 전날인데, 하나님께서 이집트에서 그 백성을 건지신 것을 기념하는 유월절 전날, 유다 사람의 몰살이 결정되었습니다.

보발꾼들을 시켜서, 그 조서를 급히 왕이 다스리는 모든 지방
으로 보냈다. 그 내용은, 열두째 달인 아달월 십삼일 하루 동안
에, 유다 사람들을 남녀노소 할 것 없이 모두 죽이고 도륙하고
진멸하고, 그들의 재산을 빼앗으라는 것이다. 14 각 지방에서
는 그 조서를 법령으로 공포하여 각 민족에게 알리고, 그날을
미리 준비하게 하였다. 15 왕의 명령이 떨어지자 곧 보발꾼들
이 떠나고, 도성 수산에도 조서가 나붙었다. 왕과 하만은 함께
술잔을 기울이며 앉아 있었지만, 수산 성은 술렁거렸다.

{ 제4장 }

에스더가 백성을 구하겠다고 약속하다

1 모르드개는 이 모든 일을 알고서, 옷을 찢고, 굵은 베옷을
걸치고, 재를 뒤집어쓴 채로, 성 안으로 들어가서, 대성통곡을
하였다. 2 그런데 굵은 베옷을 입고서는 어느 누구도 대궐 문

모르드개와 유다 사람들은 왜 옷을 찢고, 굵은 베옷을 걸치고, 재를 뒤집어쓴 채 대성통곡을 하는 건가요? 굵은 베옷은 입으면 피부에 껄끄럽게 느껴지는 옷입니다. 평상복을 벗고 이러한 베옷을 입는다는 것은 모든 화려함이나 편리함을 내려놓고 오직 하나님만 구한다는 것을 상징합니다. 머리에 재를 뿌리는 행동 역시 단정하게 다듬었던 모든 것을 포기하고 자신을 낮추는 상징 행동입니다. 죄를 고백하며 하나님의 용서를 구할 때, 또는 오직 하나님의 도우심만을 구해야 하는 막막한 상황일 때 이렇게 행동합니다. 모르드개와 유다 사람은 자신들 전부가 전멸될 위기에서 이렇게 자신을 낮춥니다. 본문에 하나님께 구한다는 내용은 전혀 없지만, 이스라엘이 하나님을 구할 때 행하는 전형적인 행동을 하는 것입니다. 그들은 페르시아 땅에서 살고 있으나 하나님의 백성 이스라엘로 살아가고 있습니다.

안으로 들어갈 수 없었으므로, 그는 대궐 문 밖에 주저앉았다.
3 왕이 내린 명령과 조서가 전달된 지방마다, 유다 사람들은
온통 탄식하고, 금식하며, 슬프게 울부짖었다. 모두들 굵은 베
옷을 걸치고서 재 위에 누웠다.
4 ○ 에스더의 시녀들과 내시들이 에스더에게 가서, 모르드개
가 당한 일을 말하니, 왕후는 크게 충격을 받았다. 에스더가
모르드개에게 옷을 보내며, 굵은 베옷을 벗고 평상복으로 갈
아입기를 권하였지만, 모르드개는 듣지 않았다. 5 에스더는,
왕이 자기를 보살피라고 보내준 궁전 내시 가운데서, 하닥을
불러서, 무엇 때문에 모르드개가 괴로워하는지, 왜 그러는지,
알아보라고 하였다. 6 하닥은 대궐 문 앞, 도성 광장에 있는
모르드개에게로 갔다. 7 모르드개는 자기에게 일어난 일을 처
음부터 끝까지 하닥에게 모두 이야기하였다. 하만이 유다 사
람을 모조리 없애려고, 왕의 금고출납을 맡은 관리들에게 주
어 입금하겠다고 약속한 돈의 정확한 액수까지 밝혔다. 8 모

유다 사람들을 전멸 위기로 몰아넣은 첫 원인 제공자는 모르드개인데, 그가 이 어려운 문제의 해결을 에스더에게 맡기는 것은 너무 무책임한 거 아닌가요? 분명히 하만에 대한 모르드개의 태도가 엄청난 재앙의 시작점입니다. 그러나 그런 사건 하나가 유다 사람 전체의 전멸을 초래할 큰 사건으로 확장된다는 것 자체가 당시 유다 사람들이 처한 현실을 반영합니다. 언제라도 이런 사건은 터질 수 있는 것이기에, 모르드개의 처신을 비난하는 것으로 문제를 해결할 수는 없습니다. 그럼에도 에스더기에 등장하는 남성들의 행동이 매우 극단적이라는 점은 분명해 보입니다. 페르시아 왕은 상황을 전혀 파악하지 못한 채 과장된 잔치, 과장된 언사로 일관하며, 모르드개 역시 에스더에게는 유다인임을 밝히지 말라고 하면서도 자신의 행동은 매우 과격한 측면이 있습니다. 반면 에스더는 그와 대조적으로 신중하게 현실을 살피면서도 자신이 해야 할 일이다 싶을 때는 놀랄 만큼 과감하게 결단합니다. 모르드개를 통해 유다 사람이 처한 현실이 얼마나 위태로운지 드러났고, 에스더를 통해 유다 사람이 살게 됩니다.

르드개는, 수산 성에 선포된 유다 사람을 전멸시키라는 칙령
의 사본을 하닥에게 건네주면서, 에스더에게 그것을 보이고,
설명하여드리라고 하였다. 또한 모르드개는 에스더가 직접
어전에 나아가서, 왕에게 자비를 구하고, 최선을 다하여 자기
겨레를 살려달라고 탄원하도록, 하닥을 시켜서 부탁하였다.
9 하닥은 돌아가서, 모르드개에게 들은 이야기를 에스더에게
전하였다. 10 에스더는 다시 하닥을 보내서, 모르드개에게 이
렇게 전하라고 하였다. 11 "임금님이 부르시지 않는데, 안뜰로
들어가서 왕에게 다가가는 자는, 남자든지 여자든지 모두 사
형으로 다스리도록 되어 있습니다. 이러한 법은 모든 신하들
과 왕이 다스리는 모든 지방 백성들이 다 알고 있습니다. 다만
임금님이 금으로 만든 규를 내밀어서, 목숨을 살려주실 수는
있습니다. 그런데 임금님이 나를 부르지 않으신 지가 벌써 삼
십 일이나 되었습니다." 12 하닥 일행이 에스더의 말을 그대로
모르드개에게 전하니, 13 모르드개는 그들을 시켜서 에스더에
게 다음과 같이 전하라고 하였다. "왕후께서는 궁궐에 계시다

유다 사람들이 한 곳에 모여 금식하는 행위는 무엇을 의미하나요? 1장에 기록된 와스디 왕비 사건으로 인해 임금의 명령은 절대적인 것이 되었습니다. 그렇기에 에스더가 마음대로 왕 앞에 나아갈 수 없게 되었고, 에스더는 이를 잘 알고 있기에 모르드개의 거센 말에도 무척 조심스럽게 대응합니다. 그리고 지금은 자신이 맡은 일을 해야 한다고 결단한 에스더는 모르드개를 통해 모든 유다 사람을 함께 모아 금식할 것을 요구합니다. 금식 역시 자신을 낮추며 오직 하나님의 도우심을 구하는 상징 행동입니다. 에스더기의 일관된 특징에 따라 하나님 혹은 기도 같은 표현을 전혀 사용하지 않지만, 함께 모여 금식하라는 것은 함께 모여 오직 하나님의 도우심을 구해달라는 부탁입니다. 죽을 각오를 하고 이제 에스더는 다른 이들의 기도에 힘입어 왕이 부르지 않았음에도 왕 앞에 나아가려고 합니다. 그의 어깨 위에 자신과 모르드개를 비롯해 유다 사람 모두의 생명이 달려 있습니다.

고 하여, 모든 유다 사람이 겪는 재난을 피할 수 있다고 생각
하십니까? 14 이런 때에 왕후께서 입을 다물고 계시면, 유다
사람들은 다른 곳에서라도 도움을 얻어서, 마침내는 구원을
받고 살아날 것이지만, 왕후와 왕후의 집안은 멸망할 것입니
다. 왕후께서 이처럼 왕후의 자리에 오르신 것이 바로 이런 일
때문인지를 누가 압니까?" 15 에스더는 다시 그들을 시켜서,
모르드개에게 이렇게 전하라고 하였다. 16 "어서 수산에 있는
유다 사람들을 한곳에 모으시고, 나를 위하여 금식하게 하십
시오. 사흘 동안은 밤낮 먹지도 마시지도 말게 하십시오. 나
와 내 시녀들도 그렇게 금식하겠습니다. 그렇게 하고 난 다음
에는, 법을 어기고서라도, 내가 임금님께 나아가겠습니다. 그
러다가 죽으면, 죽으렵니다." 17 모르드개는 나가서, 에스더가
일러준 대로 하였다.

{ 제5장 }

에스더가 왕과 하만을 잔치에 초대하다

1 금식한 지 사흘째 되는 날에, 에스더는 왕후의 예복을 입고,
대궐 안뜰로 들어가서, 대궐을 마주 보고 섰다. 그때에 왕은
어전 안의 왕좌에서 문 쪽을 바라보고 앉아 있었다. 2 왕이,
에스더 왕후가 뜰에 서 있는 것을 사랑스러운 마음으로 바라
보고, 쥐고 있던 금 규를 에스더에게 내밀자, 에스더가 가까
이 다가가서, 그 규의 끝에 손을 대었다. 3 왕이 그에게 말을
건네었다. "웬일이오, 에스더 왕후, 무슨 소청이라도 있소?
당신에게라면, 나라의 절반이라도 떼어주겠소." 4 에스더가
말하였다. "임금님께서 허락하시면, 내가 오늘 잔치를 차리
고, 임금님을 모시고 싶습니다. 하만과 함께 오시면 좋겠습니
다." 5 왕은 곧 명령을 내렸다. "에스더의 말대로 하겠다. 곧

드라마로 치면 절정을 앞두고 긴장감 있는 장면이 펼쳐집니다. 에스더는 어떤 의도로 왕과 하만을 같은 자리에 초청한 건가요? 사흘간 금식을 하면서 에스더는 앞으로 어떻게 해야 할지 궁리하고 결정했을 것입니다. 이를 위해 당장 일을 처리하는 것이 아니라, 왕과 하만을 한자리에 초대하는 잔치를 계획했습니다. 하만을 현장으로 불러서 그의 악을 드러내려는 의도였을 것입니다. 에스더기에 여러 번의 잔치가 나옵니다. 1장의 엄청난 잔치는 왕의 허영에서 비롯된 잔치였다면, 이제 에스더가 벌이려는 잔치는 위기에 처한 자신의 민족을 살리기 위한 잔치이며 한 민족을 말살하려는 못된 음모를 막아내려는 잔치라는 점에서 대조적입니다. 에스더는 무척이나 신중하고 주의 깊게, 그러면서도 힘 있게 일을 진행합니다. 에스더의 요구대로 모르드개가 행했고(더 4:17), 이제 에스더의 요구대로 왕이 행하며(더 5:5), 하만은 에스더의 초대를 기뻐합니다(더 5:12). 에스더는 이 책에 등장하는 주요 등장인물들, 행동과 말이 크고 극단적인 남성들을 모두 주도하고 주관합니다.

하만을 들라 하여라." 왕과 하만은 에스더가 베푼 잔치에 갔
다. 6 함께 술을 마시다가, 왕은 또다시 에스더에게 물었다.
"당신의 간청이 무엇이오? 내가 들어주겠소. 당신의 소청이
면, 나라의 절반이라도 떼어주겠소." 7 에스더가 대답하였다.
"내가 드릴 간구와 소청은 별것이 아닙니다. 8 내가 임금님
께 은혜를 입게 되어 임금님께서 기꺼이 나의 간청을 들어주
시고, 나의 소청을 받아주시겠다면, 나는 내일도 잔치를 차리
고, 두 분을 모시고 싶습니다. 임금님께서는 하만과 함께 오
시기 바랍니다. 그때에, 임금님의 분부대로 나의 소원을 임금
님께 아뢰겠습니다."

하만의 음모

9 ○ 그날 하만은 마음이 흐뭇하여, 아주 즐거운 기분으로 대
궐을 나섰다. 대궐 문을 지나는데, 거기에서 문을 지키고 있는
모르드개는 일어나지도 않고, 인사도 하지 않았다. 그것을 보
고서, 하만은 그만 화가 잔뜩 치밀어 올랐지만, 10 꾹 참고 집

여전히 모르드개는 하만에게 적대적인 태도를 취합니다. 상황이 급박하게 돌아가는데도 그의 태도는 왜 변화가 없나요? 자칫 이 모든 재앙이 하만을 대하는 모르드개의 태도 때문이라 볼 수 있지만, 한 사람의 태도로 인해 그 민족 전체를 말살하겠다는 결정이 권력자에게서 나왔다는 것은 당시 페르시아에서 유다 사람이 처한 현실을 반영합니다. 그러니 이것은 모르드개 개인이 하만에게 굴복해서 해결할 문제는 아닐 것입니다. 모르드개와 유다 사람이 살고 죽는 것은 하만에게 달린 것이 아니기 때문입니다. 하만은 굴복하는 모르드개가 보고 싶었을 것입니다. 자신의 힘이 어느 정도인지 과시하고 싶었을 것입니다. 그러나 모르드개의 태도는 자신과 유다 사람의 생명이 하만에게 달린 것이 아님을, 하만을 향해 아무 말 없지만 사실은 큰 소리로 선언하고 있습니다.

으로 돌아갔다. 하만은 친구들과 자기 아내 세레스를 불러놓
고, 11 자기는 재산도 많고, 아들도 많으며, 왕이 여러모로 자
기를 영화롭게 하여주고, 자기를 다른 대신들이나 신하들보
다 더 높은 벼슬자리에 앉혔다면서, 그들 앞에서 자랑하였다.
12 하만은 덧붙여서 말하였다. "그것뿐인 줄 아는가? 에스더
왕후께서 차린 잔치에 임금님과 함께 초대받은 사람은 나 하
나밖에 없다네. 왕후께서는 내일도 임금님과 함께 오라고 나
를 초대하셨다네. 13 그러나 대궐 문에서 근무하는 모르드개
라는 유다 녀석만 보면, 이런 모든 것이 나에게 하나도 만족스
럽지 않네." 14 그의 아내 세레스와 친구들이 하나같이 하만에
게 말하였다. "높이 쉰 자짜리 장대를 세우고 내일 아침에, 그
자를 거기에 달도록 임금님께 말씀을 드리십시오. 그런 다음
에, 임금님을 모시고 잔치에 가서 즐기십시오." 하만은 그것이
참 좋은 생각이라고 여기고, 곧 장대를 세우도록 하였다.

장대를 세우고 거기에 사람을 매다는 처형은 흔한 처형 방식이었나요? 하만이 세운 장대의 길이가 대략 20미터가 넘는다는 점에서 다소 과장이 있는 것 같습니다. 이렇게 나무에 시체를 매다는 것은 상대가 죽은 뒤에도 수치를 주고 본보기를 삼으려는 목적 때문일 것입니다. 구약성경에서는 큰 죄를 지은 사람을 나무에 매달아 처형하는 경우가 자주 언급됩니다(창 40:19, 22; 41:13; 신 21:22-23; 수 8:29; 10:26; 삼하 21:12). 에스더기에서는 왕을 암살하려는 음모를 꾸몄다가 모르드개로 인해 적발되었던 내시들이 이렇게 나무에 달렸고(더 2:23), 하만이 결국 나무에 달렸으며(더 7:10), 하만의 열 아들 역시 나무에 달립니다(더 9:14).

{ 제6장 }

왕이 모르드개를 높이다

1 그날 밤, 왕은 잠이 오지 않아서 자기의 통치를 기록한 궁
중실록을 가지고 오라고 하고, 자기 앞에서 소리를 내어 읽게
하였다. 2 실록에는, 대궐 문을 지키던 왕의 두 내시 빅다나
와 데레스가 아하수에로 왕을 죽이려고 한 음모를, 모르드개
가 알고서 고발하였다는 내용이 기록되어 있었다. 3 왕이 물
었다. "이런 일을 한 모르드개에게 나라에서는 어떻게 대우하
였으며, 어떤 상을 내렸느냐?" 그곳에 있던 시종들이 대답하였
다. "나라에서는 그에게 아무런 상도 내리지 않았습니다." 4 왕
이 다시 물었다. "궁궐 뜰에 누가 있느냐?" 마침 그때에 하만
이 왕에게 자기 집에 세운 장대에 모르드개를 달아 죽일 수 있
도록 허락을 받으려고, 궁전 바깥뜰에 와 있었다. 5 시종들은
하만이 뜰에 대령하고 있다고 대답하였다. 왕이 명령하였다.
"들라고 일러라." 6 하만이 안으로 들어오니, 왕이 그에게 물었

에스더기의 전개에 흥미진진한 반전이 등장하기 시작합니다. 한 편의 잘 짜인 소설 같은 이 책이 말하려는 것은 무엇인가요? 소설이 종종 그렇듯이 에스더기에도 우연이 겹칩니다. 하필 왕이 잠이 오지 않았고 그래서 실록을 읽었는데 읽은 부분이 모르드개의 공헌이 적힌 대목이었다는 우연, 그리고 하필 그 자리에 하만이 바로 다음 날 모르드개를 장대에 달겠다는 허락을 받으러 찾아왔다는 우연이 겹칩니다. 이런 우연이 아니었다면 모르드개는 하만이 왕에게 말해서 이튿날 장대에 달리고 말았을 텐데, 우연과 우연을 통해 도리어 하만에 의해 극도로 높임을 받는 결과를 맞습니다. 우연이지만 사실은 하나님께서 살아계시니 필연이라 해야 할 것입니다. 소설이라는 장르는 교훈을 노골적으로 전하지 않고, 이처럼 이야기를 통해 독자가 재미를 느끼게 하고 교훈 역시 저절로 이야기 안에서 흘러나오게 합니다.

다. "내가 특별히 대우하고 싶은 사람이 있는데, 그에게 어떻게
하면 좋을지 말하여보시오." 하만은 왕이 특별히 대우하고 싶
은 사람이라면, 자기 말고 또 누가 있으랴 싶어서, 7 왕에게 이
렇게 건의하였다. "임금님께서 높이고 싶은 사람이 있으시면,
8 먼저 임금님께서 입으시는 옷과 임금님께서 타시는 말을 내
어오게 하시고, 그 말의 머리를 관으로 꾸미게 하신 뒤에, 9 그
옷과 말을 왕의 대신 가운데 가장 높은 이의 손에 맡기셔서, 임
금님께서 높이시려는 그 사람에게 그 옷을 입히시고, 그 사람
을 말에 태워서, 성 안 거리로 지나가게 하시는 것이 좋겠습니
다. 말을 모는 신하에게는 '임금님께서는, 높이고 싶어 하시는
사람에게 이렇게까지 대우하신다!' 하고 외치게 하심이 좋을
듯합니다." 10 왕이 하만에게 명령하였다. "곧 그대로 하시오.
대궐 문에서 근무하는 유다 사람 모르드개에게 내 옷과 말을
가지고 가서, 경이 말한 대로 하여주시오. 경이 말한 것들 가운
데서, 하나도 빠뜨리지 말고 그대로 하도록 하시오."
11 ○ 하만이 왕의 옷과 말을 가지고 가서 모르드개에게 옷을

하만은 뜻밖에 왕의 절대적 총애를 입은 모르드개를 보고 '근심이 가득한 얼굴'(12절)이 됩니다. 하만으로 대표되는 인간의 특성은 무엇인가요? 하만은 이미 왕의 인장 반지를 받았습니다(더 3:10). 왕이 특별히 대우하고 싶은 사람에게 어떻게 하면 좋을지 묻자, 하만은 이제 왕이 높이려는 사람은 자신밖에 없다 여겨서 왕의 옷을 입히고 왕의 말을 타게 하라고 조언합니다. 자신이야말로 왕의 옷을 입고 왕의 말을 탈 사람이라 내심 생각하고 있었음을 보여줍니다. 하만은 이미 왕이 된 것 같고, 자신 같은 사람이 왕이 되어야 한다 생각하는 것 같기도 합니다. 과대망상의 전형적인 형태로, 그런 사람이 권력을 가졌을 때 볼 수 있는 오만함, 그리고 자신보다 더 높은 이에게 굽신거리는 비열함도 보여줍니다. 그러나 자신의 계획이 엉뚱한 결과를 가져오자 당황합니다. 그의 친구들이 하는 말처럼, 이제 하만의 몰락이 시작되었고 하만은 이를 피할 길조차 없어 보입니다.

입히고, 또 그를 말에 태워 성 안 거리로 데리고 나가서 "임금
님께서는, 높이고 싶어 하시는 사람에게 이렇게까지 대우하신
다!" 하며 외치고 다녔다. 12 그런 다음에, 모르드개는 대궐 문
으로 돌아왔고, 하만은 근심이 가득한 얼굴을 하고서 달아나
듯이 자기 집으로 가버렸다. 13 하만은 아내 세레스와 모든 친
구에게, 자기가 방금 겪은 일을 자세하게 이야기하였다. 그의
슬기로운 친구들과 아내 세레스가 그에게 말하였다. "당신이
유다 사람 모르드개 앞에서 무릎을 꿇었으니, 이제 그에게 맞
설 수 없소. 당신은 틀림없이 망할 것이오."

하만의 몰락

14 ○ 말이 채 끝나기도 전에, 내시들이 와서, 에스더가 차린
잔치에 하만을 급히 데리고 갔다.

{ 제7장 }

1 왕과 하만은 에스더 왕후가 차린 잔치에 함께 갔다. 2 둘째
날에도 술을 마시면서 왕이 물었다. "에스더 왕후, 당신의 간
청이 무엇이오? 내가 다 들어주겠소. 당신의 소청이 무엇이
오? 나라의 절반이라도 떼어주겠소." 3 에스더 왕후가 대답하
였다. "임금님, 내가 임금님께 은혜를 입었고, 임금님께서 나
를 어여삐 여기시면, 나의 목숨을 살려주십시오. 이것이 나의
간청입니다. 나의 겨레를 살려주십시오. 이것이 나의 소청입
니다. 4 나와 내 겨레가 팔려서, 망하게 되었습니다. 살육당하
게 되었습니다. 다 죽게 되었습니다. 우리가 남종이나 여종으
로 팔려가기만 하여도, 내가 이런 말씀을 드리지 않을 것입니
다. 그만한 일로 임금님께 걱정을 끼쳐드리지는 않을 것입니
다." 5 아하수에로 왕이 에스더 왕후에게 물었다. "그자가 누
구요? 감히 그런 일을 하려고 마음을 먹고 있는 자가 어디에

결국 에스더는 유다 사람들을 살려내는 데 결정적인 역할을 합니다. 에스더는 이 일을 위해 여기까지 온 건가요? 결국에는 그렇게 되었습니다. 자신 앞에 어떤 삶이 펼쳐질지 누구도 미리 알 순 없지만, 중요한 결정의 순간이 왔을 때 에스더는 자신의 전부를 걸고 앞으로 나아갔고, 그를 통해 유다 사람 전부를 살려낼 수 있었습니다. 여기서 에스더가 왕과 하만을 초대한 잔치 첫날에는 이야기하지 않고 둘째 날 이야기를 하는데, 그 사이에 왕이 모르드개의 공헌을 인지하게 되면서 더욱 극적인 효과가 발생합니다. 이와 같은 우연을 사람이 어찌 할 수 없지만, 적어도 에스더는 자신이 해야 할 일을 매우 신중하게 생각하고 차근차근 서둘지 않고 진행해 지금 같은 결과에 이르렀다고 할 수 있습니다. 등장하는 남성들의 큰소리와 오만함, 고집스러움과는 무척이나 대조적으로, 에스더는 차분하고 신중하며 결단할 때는 과감하고 지혜롭습니다. 이 여성이 어리석은 왕을 바로잡고, 오만하고 살기등등한 하만을 처벌하며, 고집스러운 모르드개를 살리고, 이방 땅에서 생존이 위태롭던 동족을 살려냅니다.

있는 누구인지 밝히시오." 6 에스더가 대답하였다. "그 대적,
그 원수는 바로 이 흉악한 하만입니다." 에스더의 대답이 떨어
지자마자, 하만은 왕과 왕후 앞에서 사색이 되었다. 7 화가 머
리끝까지 오른 왕은 술잔을 내려놓고서, 자리에서 일어나 왕
궁 안뜰로 나갔다. 하만은 왕이 자기에게 벌을 내리기로 마음
먹은 것을 알고서, 그 자리에 남아서, 에스더 왕후에게 목숨
만 살려달라고 애걸하였다. 8 왕이 안뜰에서 술자리로 돌아와
보니, 하만이 에스더가 눕는 침상에 엎드려 있었다. 이것을 본
왕은 "내가 집안에 왕후와 함께 있는데도, 저놈이 왕후를 범
하려고 하는구나!" 하고 소리쳤다. 왕의 입에서 이 말이 떨어
지자마자, 내시들이 달려들어서, 하만의 얼굴을 가렸다. 9 그
때에 왕을 모시는 내시들 가운데 한 사람인 하르보나가 말하
였다. "하만이 자기 집에 높이 쉰 자짜리 장대를 세워놓았습니
다. 그것은 임금님을 해치려는 자들을 제때에 고발한 모르드
개를 매달아 죽이려고 세운 것입니다." 그때에 왕이 명령을 내
렸다. "하만을 거기에 매달아라!" 10 사람들은, 하만이 모르드

극적인 역전이 펼쳐집니다. 이와 같은 이야기가 상징하는 바는 무엇인가요? 하나님에 대한 언급은 한마디도 나오지 않고 오히려 우연이 겹치지만, 그러한 우연의 뒤에 살아계신 하나님, 바빌론 땅에 포로로 끌려온 이스라엘의 하나님이 계심을 에스더기는 증언합니다. 눈에 보이지 않지만, 하나님께서는 그분을 신뢰하며 살아가는 이들을 어디서든 지키고 보호하십니다. 왕과 하만은 어리석고 오만한 반면, 에스더기에 등장하는 여러 내시들은 자주 중요한 역할을 합니다. 내시 헤개가 에스더를 호의적으로 대했고(더 2:9), 유다 사람이 다 죽게 된 긴박한 상황에서 모르드개와 에스더 사이의 빈번한 연락을 맡은 이는 내시 하닥이었으며(더 4장), 모르드개를 매달 장대에 하만을 매달도록 제안한 이는 내시 하르보나였습니다(더 7:9). 내시는 남성도 여성도 아닌 존재지만, 에스더기에서 이 내시들은 하나님께서 자기 백성을 보호하며 살리시는 일에 중요하게 쓰입니다.

개를 매달려고 세운 바로 그 장대에 하만을 매달았다. 그런 다
음에야, 비로소 왕의 분노가 가라앉았다.

{ 제8장 }

유다 사람에게 살 길이 열리다

1 아하수에로 왕은 그날로 유다 사람의 원수 하만의 재산을 에
스더 왕후에게 주었다. 에스더가 모르드개와의 관계를 밝혔으
므로, 모르드개는 왕 앞에 나아갈 수 있었다. 2 왕은 하만에게
서 되찾은 자기의 인장 반지를 빼서 모르드개에게 맡겼다. 에
스더는, 하만에게서 빼앗은 재산을 모르드개가 맡아보게 하
였다. 3 에스더는 또다시 왕의 발 앞에 엎드려 울면서 간청하
였다. 아각 사람 하만이 유다 사람을 치려고 꾸민 악한 음모를
막아달라고 애원하였다. 4 왕이 금 규를 에스더에게 내밀자,
에스더가 일어나 왕 앞에 서서 말하였다. 5 "내가 임금님께 은

에스더는 더 나아가 유다 사람들을 살리기 위해 왕에게 실제적인 조서를 요청합니다. 인장 반지로 도장까지 찍은 조서는 어떤 의미가 있나요? 왕은 하만을 제거하고 하만의 재산을 에스더에게 주었습니다. 그러나 에스더는 여기에 머물지 않고 다시 한번 왕의 부름 없이 왕에게 나아가기를 시도했고 이번에도 왕의 금 규를 받아 왕 앞에 설 수 있었습니다(4절). 그리고 에스더는 자신의 동족이 죽게 된 현실을 고하면서 조서를 내려 유다인을 죽이라는 이전 조치를 바로잡아줄 것을 왕에게 청합니다. 왕의 인장 반지는 그 문서가 왕에게서 비롯되었으며 철회될 수 없는 것임을 명확히 증언하는 도구입니다. 왕의 다짐이나 말이 아니라 인장 반지로 도장을 찍은 문서라야 객관적인 효력이 있기에 에스더는 일을 제대로 철저히 진행하고 있습니다.

혜를 입었고, 임금님께서 나를 귀엽게 보시고, 내 말이 임금
님께서 들으시기에 옳다고 생각하시면, 임금님께서 나를 사
랑스럽게 생각하시면, 아각 자손 함므다다의 아들 하만이, 임
금님의 나라 여러 지방에 사는 유다 사람을 다 없애려고, 흉
계를 꾸며 쓴 여러 문서가 무효가 되도록 조서를 내려주십시
오. 6 나의 겨레가 화를 당하는 것을, 내가 어찌 나의 눈으로
볼 수 있겠으며, 나의 가족이 망하는 것을 어찌 눈뜨고 볼 수
있겠습니까?" 7 아하수에로 왕이 에스더 왕후와 유다 사람 모
르드개에게 대답하였다. "하만이 유다 사람을 죽이려 하였기
에, 나는 그를 장대에 매달아 죽이도록 하였소. 또한 하만의
재산을 빼앗아서 에스더 왕후에게 주었소. 8 이제, 유다 사람
들을 살려야 하니, 왕의 이름으로 당신네들에게 유리한 내용
으로 조서를 하나 더 만들고, 그 조서에 왕의 인장 반지로 도
장을 찍으시오. 내 이름으로 만들고, 내 인장 반지로 도장을
찍은 조서는, 아무도 취소하지 못하오."
9 ○ 곧바로 왕의 서기관들이 소집되었다. 때는 셋째 달인 시

왕이 내리는 조서를 전에는 하만이 마음대로 쓰더니, 이번에는 모르드개가 마음대로 씁니다. 왕은 왜 이렇게 행동하는 것일까요? 에스더기 내내 왕은 스스로 무엇을 결정하는 경우가 거의 없고, 언제나 주변 신하에게 의존합니다. 광대한 제국을 다스리는 존재라지만, 막상 그는 상황마다 다른 사람들에게 좌우됩니다. 왕의 조서는 철회할 수 없다고 하지만 정작 그 조서는 왕이 작성한 것이 아니라는 점에서, 에스더기는 왕을 일관되게 풍자하며 묘사한다는 것을 알 수 있습니다. 유다인을 다 죽이라는 조서는 하만이 불러주는 대로 썼고, 이제 유다인을 대적하는 이들에게 유다인들이 맞서서 물리치라는 조서는 모르드개가 불러주는 대로 씁니다. 하만이 불러주는 대로 조서를 만들어 내리는 3장 12-15절은 모르드개가 같은 역할을 수행하는 8장 9-14절과 무척 흡사합니다. 이러한 대조는 하나님께서 유다 민족의 운명을 완전히 바꾸셨음을 잘 보여줍니다.

완월 이십삼일이었다. 서기관들은 모르드개가 불러주는 대로
조서를 만들어서, 인도에서부터 에티오피아에 이르기까지, 백
스물일곱 지방에 있는 유다 사람들과 대신들과 총독들과 각
지방 귀족들에게 보냈다. 조서는 각 지방의 글과 각 민족의 말
로 썼으며, 유다 사람들의 글과 말로도 조서를 만들어서 보냈
다. 10 모르드개는 아하수에로 왕의 이름으로 조서를 작성하
고, 거기에 왕의 인장 반지로 도장을 찍었다. 그렇게 한 다음
에, 보발꾼들을 시켜서, 그 조서를 급히 보냈다. 보발꾼들이
타고 갈 말은 왕궁에서 기른 것으로써, 왕의 심부름에 쓰는 날
랜 말들이었다. 11 왕의 조서 내용은, 각 성에 사는 유다 사람
들이 함께 모여서 목숨을 지킬 수 있도록 한 것이다. 어느 성
읍에서든지, 다른 민족들이 유다 사람들을 공격하면, 거기에
맞서서, 공격하여오는 자들뿐만 아니라, 그들의 자식과 아내
까지도 모두 죽이고 도륙하고 진멸하고, 재산까지 빼앗을 수
있게 한 것이었다. 12 그러나 아하수에로 왕이 다스리는 모든
지방에서, 유다 사람들이 이런 일을 할 수 있는 날은, 열두째
달인 아달월 십삼일 하루 동안으로 규정하였다. 13 각 지방에
서는 그 조서를 법령으로 공포하여 각 민족에게 알리고, 유다

유다 사람들이 맞서서 공격할 수 있는 날은 하루로 지정됩니다. 그 이유는 무엇인가요? 하만이 내린 조서에서 페르시아 제국 전역에서 유다 사람을 학살하고 그들의 재산을 탈취하도록 규정된 날이 열두 번째 달인 아달월 13일이었습니다. 모르드개가 부르는 대로 작성해 내린 조서에서는 도리어 그날을 유다 사람들이 유다인들을 해치려는 적들에 맞서서 공격하는 날로 삼았습니다. 나중에 하루가 아니라 이틀간 이렇게 공격할 수 있도록 바뀌는 지역도 있지만, 처음 조서는 하루를 맞서 공격하는 날로 규정합니다. 여러 날 동안 상대방을 모두 죽이고 제거하는 일이 허용된다면, 제국에 혼란을 가져올 수 있을 것입니다. 아울러 하루라도 그렇게 억울함을 보

사람들이 대적들에게 원수 갚을 날을 미리 준비하게 하였다.
14 왕의 명령은 이처럼 빨리 전달되어야 하는 것이었으므로,
보발꾼들은 왕의 심부름에 쓰는 날랜 말을 타고 급히 떠났다.
도성 수산에도 조서가 나붙었다.
15 ○ 모르드개는 보라색과 흰색으로 된 궁중 예복을 입고, 큰
금관을 쓰고, 고운 모시로 짠 붉은 겉옷을 입고 어전에서 물러
나왔다. 수산 성에서는 즐거운 잔치가 벌어졌다. 16 유다 사
람들에게는 서광이 비치는, 기쁘고 즐겁고 자랑스러운 날이
었다. 17 지방마다 성읍마다, 왕이 내린 명령과 조서가 전달된
곳에서는 어디에서나, 그곳에 사는 유다 사람들이 잔치를 벌
였다. 그들은 기뻐하고 즐거워하며, 그날을 축제의 날로 삼았
다. 그 땅에 사는 다른 민족들 가운데서 많은 사람들이 유다
사람들을 두려워하므로, 유다 사람이 되기도 하였다.

복할 수 있는 날이 없이 유야무야된다면, 유다 사람에게는 분통 터지는 일이며, 제국의 진정한 안정과는 거리가 멀 것입니다. 그래서 그들에게 위험이 닥친 날을 도리어 위험을 끼친 이에게 대갚음하는 날로 삼았다고 볼 수 있습니다. 진멸당할 뻔했던 날이 승리와 기쁨의 날이 된다는 극적 반전을 이러한 변화에서 발견할 수 있습니다.

{ 제9장 }

유다 사람이 원수들을 죽이다

1 열두째 달인 아달월 십삼일, 드디어 왕이 내린 명령과 조서
대로 시행하는 날이 되었다. 이날은, 본래 유다 사람의 원수
들이 유다 사람을 없애려고 한 날인데, 오히려 유다 사람이 자
기들을 미워하는 자들을 없애는 날로 바뀌었다. 2 아하수에로
왕이 다스리는 모든 지방의 각 성읍에 사는 유다 사람들은, 성
읍별로 모여서, 자기들을 해치려고 한 자들을 공격하였다. 모
든 민족이 그들을 두려워하였으므로, 아무도 막을 수 없었다.
3 각 지방의 대신들과 제후들과 총독들과 왕의 행정관리들은,
모르드개가 무서워서도 유다 사람들을 도왔다. 4 당시 모르드
개는, 왕궁에서 실권을 잡고 있었고, 그의 세력은 날로 더하여
갔으며, 그의 명성은 전국 방방곡곡에 퍼졌다.
5 ○ 유다 사람들은 그들의 원수를 다 칼로 쳐 죽여 없앴으며,

유다 사람이 자기들을 미워하는 자들을 없애는 지독한 보복전이 하루 동안 이루어집니다. 이런 행동들은 기독교다운 것인가요? 하만이 유다인을 없애려고 내린 조서에서는 유다 사람을 남녀노소 할 것 없이 모두 죽이고 도륙하고 진멸하고 재산을 빼앗도록 했는데(더 3:13), 이와 대칭되는 모르드개가 내린 조서에서는 유다 사람을 공격하는 이들에 맞서 그들의 자식과 아내까지도 모두 죽이고 도륙하고 진멸하고 재산을 빼앗도록 했습니다(더 8:11). 이러한 대칭은 강한 자가 낮아지고 낮은 자가 높아지는 운명의 역전을 강렬하게 보여줍니다. 그런데 실제로 이루어진 것을 보면, 유다 사람들은 자기들을 해치려는 자들(더 9:2, 5, 16)만을 공격했고, 그들의 처자는 해치지 않았으며 재산도 빼앗지 않았습니다. 지방의 유다인들 역시 '자체 방어'의 차원에서 원수들을 죽인 것으로 되었습니다(더 9:16). 결국 유다인의 행동은 근본적으로 방어 차원에서 이루어졌다고 할 수 있습니다.

자기들을 미워하는 자들에게, 하고 싶은 대로 다 하였다. 6 유
다 사람들은 도성 수산에서만도 그런 자들을 오백 명이나 처
형하였다. 7 바산다다와 달본과 아스바다와 8 보라다와 아달
리야와 아리다다와 9 바마스다와 아리새와 아리대와 왜사다
와 10 곧 유다 사람의 원수요 함므다다의 아들인 하만의 열 아
들도 죽였다. 유다 사람들은 그들을 죽이기는 하였지만, 그들
의 재산은 빼앗지 않았다.

11 ○ 도성 수산에서 죽은 사람의 수는 그날로 왕에게 보고되
었다. 12 왕이 에스더 왕후에게 말하였다. "유다 사람들은 도
성 수산에서만도 그들의 원수를 오백 명이나 죽였고, 하만의
열 아들도 다 죽였소. 그러니 나머지 다른 지방에서야 오죽하
였겠소? 이제 당신의 남은 소청이 무엇이오? 내가 그대로 들
어주리다. 당신의 요구가 또 무엇이오? 당신이 바라는 대로
하여주겠소." 13 에스더가 대답하였다. "임금님께서만 좋으시
다면, 수산에 있는 유다 사람들이 내일도 오늘처럼 이 조서대
로 시행하도록 하여주십시오. 그리고 하만의 열 아들의 주검

무슨 대단한 행동이라는 듯 유다 사람들은 "죽이기는 하였지만, 그들의 재산은 빼앗지 않았다"고 거듭 적고 있습니다(10, 15, 16절 등). 목숨과 재산 중 더 중요한 것은 목숨 아닌가요? 하만을 두고 계속 '아각 사람'이라 부르는 것은 그 옛날 베냐민 지파 출신의 사울이 죽였어야 했으나 죽이지 않은 아말렉의 왕 아각(삼상 15:20)을 떠올리게 하는 장치입니다. 그 전쟁에서 사울은 아말렉의 모든 사람과 가축까지 전부 죽였어야 하는데, 가축 가운데 좋은 것들을 하나님께 제사드린다는 핑계로 끌고 왔고, 결국 하나님의 진노를 사게 됩니다(삼상 15:21–23). 이제 베냐민 지파의 후손 모르드개와 그의 명을 따르는 유다 사람은 대적을 모두 죽이되 그들의 재산은 일절 취하지 않습니다. 이것은 그 옛날 사울의 잘못을 상기하며 그때와는 달리 하나님의 명령에 순종하겠다는 상징적 행동으로 이해할 수 있습니다. 새 세대는 조상 세대를 돌아보고 반성하며 다른 길을 걸어가고 있음을 보여줍니다.

은 장대에 매달아주십시오." 14 왕은 그렇게 하라고 명령을 내
렸다. 수산에는 조서가 내렸고, 하만의 열 아들의 주검은 장대
에 매달렸다. 15 수산의 유다 사람들은 아달월 십사일에 한곳
에 모여서, 수산에서만도 삼백 명을 죽였으나, 역시 재산은 빼
앗지 않았다.
16 ○ 그러는 동안에, 왕이 다스리는 각 지방에 있는 나머지
유다 사람들도, 지방별로 함께 모여서 조직을 정비하고, 자체
방어에 들어갔다. 그들은 원수들을 무려 칠만 오천 명이나 죽
였으나, 역시 재산은 빼앗지 않았다. 17 이 일이 일어난 것은
아달월 십삼일이었다. 십사일에는 쉬면서, 그날을, 잔치를 하
면서 기뻐하는 날로 삼았다. 18 그러나 수산에 사는 유다 사람
들은, 십삼일과 십사일에 모여 일을 벌였으므로, 십오일에는
쉬면서, 그날을 잔치를 하면서 기뻐하는 날로 삼았다. 19 성벽
이 없는 여러 마을에 사는 유다 사람들이 아달월 십사일을 명
절로 정하고, 즐겁게 잔치를 벌이면서, 서로 음식을 나누어 먹
은 까닭도 바로 이것이다.

실로 어마어마한 살육전이 벌어집니다. 당시에는 승리감에 도취할 수 있을지 몰라도, 이것은 결국 복수의 악순환을 낳는 빌미가 되는 건 아닐까요? 오늘날의 시각으로 보면 모르드개와 유다 사람들의 이러한 대응이 불편하기는 합니다. 그러나 이 같은 저항이 없었더라면 아마 페르시아 제국 전역에서 유다 사람은 남녀노소를 막론하고 몰살당했을 겁니다. 에스더의 용기로 생겨난 이 기회를 통해 유다 사람들은 무시무시한 인종 학살에 맞서 자신과 가족의 생명을 지켜냈습니다. 무엇보다도 이 사건은 소수 민족으로 살아가는 이들이 다수의 힘세고 강한 이들에게 굴복하지 않고 생존을 지켜내되 재물에는 일절 욕심을 내지 않은 해방을 보여주는 승리라는 점에서, 약하고 힘없는 자들과 함께하시며 그들을 지키시는 하나님을 깨닫도록 도와줍니다.

부림절

20 ○ 모르드개는 이 모든 사건을 다 기록하여두었다. 그는
또, 멀든지 가깝든지, 아하수에로 왕이 다스리는 모든 지방에
사는 유다 사람들에게 글을 보내서, 21 해마다 아달월 십사일
과 십오일을 명절로 지키도록 지시하였다. 22 그날에 유다 사
람이 원수들의 손에서 벗어났으며, 그날에 유다 사람의 슬픔
이 기쁨으로 바뀌었고, 초상날이 잔칫날로 바뀌었으므로, 모
르드개는 그 이틀 동안을, 잔치를 벌이면서 기뻐하는 명절로
정하고, 서로 음식을 나누어 먹고, 가난한 사람들에게 선물을
주는 날로 지키도록 지시하였다. 23 그래서 유다 사람들은,
모르드개가 그들에게 글로 써서 지시한 대로, 자기들이 시작
한 그 명절을 해마다 지켰다.
24 ○ 유다 사람의 원수 아각의 자손 함므다다의 아들 하만
은, 유다 사람들을 죽여 없애려고, 주사위의 일종인 부르를 던
져서, 유다 사람들을 다 없앨 날을 받았으나, 25 에스더가 그
음모를 왕 앞에 말하니, 왕은 하만이 유다 사람을 해치려고 꾸

민족이 살아나게 된 그날은 분명 축제의 날일 것입니다. 이 명절은 지금도 지켜지는 중요한 절기인가요? 에스더기를 보면 성벽이 있는 수산에서는 아달월 15일, 성벽이 없는 마을에서는 아달월 14일을 부림절로 지킵니다. 유다 사람이 사는 곳 어디에서든 이 명절을 지킬 것을 에스더기가 전하고, 오늘날에도 유다인들은 이 명절을 지킵니다. 성벽이 있는 예루살렘은 아달월 15일, 성벽이 없는 텔아비브는 아달월 14일을 지킨다고 합니다. 오늘날의 부림절은 회당에서 에스더기 낭독을 듣는 것, 이웃과 선물을 주고받는 것, 가난한 사람에게 자선을 베풀고 부림절 만찬을 나누는 것 등으로 이루어집니다. 아울러 하만, 에스더, 모르드개를 표현하는 다양한 가면과 옷으로 치장하고 행진하는 카니발이 열리기도 합니다.

민 악한 흉계가 하만 자신에게 돌아가도록 하고, 하만뿐만 아
니라 그의 모든 아들까지도 장대에 매달도록, 글로 써서 조서
를 내렸다. 26 그래서 주사위의 일종인 부르라는 말을 따라,
이 두 날을 불러서 부림이라고 하였다. 이 모든 사건은, 유다
사람 스스로가 직접 보고 겪은 것이며, 모르드개의 글에도 적
혀 있는 것이다. 27 그래서 그들은 이 두 날을, 그들과 자손과
그들에게 귀화하는 모든 사람이, 해마다 정해진 때에, 글에 적
혀 있는 대로, 반드시 지켜야 하는 명절로 삼았다. 28 이 두
날은, 유다 사람이면, 어느 지방 어느 성읍에 살든지, 모든 집
안마다 대대로 기억하고 지켜야 하는 날이다. 이틀 동안 계속
되는 부림절은 유다 사람들로서는 거를 수 없는 명절이 되고,
자손에게도 잊어서는 안 되는 날이 되었다.

29 ○ 아비하일의 딸 에스더 왕후는, 유다 사람 모르드개와
함께, 전권을 가지고 두 번째로 편지를 써서, 부림절을 확정하
였다. 30 위로와 격려의 말이 담긴 그 편지는, 아하수에로 왕
국 백스물일곱 지방에 사는 모든 유다 사람들에게 발송되었
다. 31 이 편지는 이틀 동안 계속되는 부림절을 확정 짓는 것

부림절의 진정한 의미는 무엇인가요? 본문 20-32절은 부림절의 의미를 알려줍니다. 무엇보다도 유다 사람이 당한 위기 앞에서 그들이 금식하고 슬피 울었던 것을 기념하는 날입니다(31절). 에스더기 어디에도 직접 언급하진 않았지만, 금식하며 슬피 울었다는 것은 오직 하나님의 도우심을 구했다는 의미입니다. 아울러 부림절은 슬픔이 기쁨으로, 초상날이 잔칫날로 바뀌었음을 기념하면서 기뻐하고 즐거워하며 가난한 이와 음식을 나누어 먹는 날입니다(22절). 원수에게 보복하는 날이 아니라, 미워하는 이들을 전부 없애버리는 날이 아니라, 죽음의 위기이자 슬픔 가득한 삶에서 생명과 기쁨으로 바뀐 운명을 기뻐하고 즐거워하는 날입니다. 그래서 자신이 가진 것을 가난한 이들과 함께 나누며 자신의 기쁨이 모두의 기쁨이 되게 하는 날입니다.

이다. 이것은 유다 사람 모르드개와 에스더 왕후가 지시한 것일 뿐만 아니라, 유다 사람들 스스로도 기꺼이 부림절을 명절로 확정하고, 그 자손들도 그때가 되면, 금식하며, 슬피 울면서 지키도록 하였다. 32 부림절에 관한 규정은, 에스더의 명령으로 이렇게 확정되고, 그것은 글로 기록되었다.

{ 제10장 }

왕과 모르드개가 칭송을 받다

1 아하수에로 왕은, 본토뿐 아니라, 바다 건너 여러 섬에도 조
공을 바치라고 명령하였다. 2 그가 그 막강한 힘과 권력을 가
지고 이룬 모든 업적과, 모르드개에게 높은 벼슬을 주어서 영
화롭게 한 모든 내용이, 메대와 페르시아의 왕조실록에 기록
되어서 전하여온다. 3 유다 사람 모르드개는 아하수에로 왕
다음으로 실권이 있었다. 그는 유다 사람들 사이에서 존경을
받았다. 특히 자기 백성이 잘되도록 꾀하였고, 유다 사람들이
안전하게 살도록 애썼으므로, 같은 겨레인 유다 사람은 모두
그를 좋아하였다.

특이하게도 에스더기에는 하나님, 예배, 기도 같은 기독교적인 용어나 내용들이 전혀 등장하지 않습니다. 그럼에도 불구하고 이 책이 성경에 포함된 이유는 무엇인가요? 에스더기는 이방 땅에서 살고 있는 하나님 백성의 삶을 다룹니다. 이방 땅에서 소수 민족으로 살아가기에 그들의 신앙을 겉으로 드러내며 말하는 것으로 살아갈 수는 없습니다. 그러나 어떤 행동을 하든 그들 행동의 근본적인 이유는 그들의 하나님에 대한 믿음과 신뢰, 순종입니다. 대단한 운명의 역전을 경험하지만, 사실 에스더기에는 기적 같은 것이 나오지 않습니다. 오직 모르드개의 결의에 찬 행동, 에스더의 신중하면서도 용기 있고 지혜로운 결단과 행동, 모든 유다 사람들의 일치된 금식과 눈물이 어우러져, 그들의 운명을 바꾸어냅니다. 에스더기는 사람의 이런저런 행동으로 가득한 책이지만, 독자는 이 책을 읽으며 그들의 모든 삶에 하나님께서 함께하심을 깨닫게 됩니다. 그래서 에스더기의 내용은 "하나님 없이 하나님과 함께"라는 말로 요약할 수 있습니다

성경의 모든 부분에는
하나님의 숨결이 깃들어 있어
모든 면에서 유익합니다.
우리에게 진리를 보여주고,
우리의 반역을 드러내며,
우리의 실수를 바로잡아주고,
우리를 훈련시켜
하나님의 방식대로 살게 합니다.
우리는 말씀을 통해 온전해지며,
하나님께서 우리를 위해 마련하신 일을
이루어가게 됩니다.

_ 디모데후서 3장 16-17절, 〈메시지〉,
유진 피터슨 지음

창세기 우주와 세상 만물, 시간, 인류가 어디서 비롯되었으며 어떻게 존재하게 되었는지 설명한다. 한편으로는 하나님께서 손수 인간을 빚어 만드신 뜻은 무엇이며, 그 하나하나와 어떤 관계를 맺고 싶어 하시는지, 인류를 향해 어떤 계획과 기대를 가지고 있으며 또 무얼 약속하시는지, 그 약속이 어떻게 한 세대에서 다음 세대로 꿋꿋이 흘러내려 갔는지 그려낸다. 천지창조의 파노라마에서 출발해서, 약속을 간직한 야곱 일가가 기근을 피해 이집트로 내려가 정착한 내력으로 바감된다.

출애굽기 이집트에서 종살이를 하던 이스라엘 백성의 탈출기. 하나님은 모세라는 지도자를 내세워 가혹한 착취와 노역에 시달리던 이스라엘 백성을 건져내 약속의 땅으로 안내하신다. 끝까지 거부하고 버티는 파라오에게 내린 열 가지 엄청난 재앙, 바다가 갈라져 길이 열리는 사건을 비롯해 하나님께서 이스라엘 백성에게 베푸신 갖가지 기적 등 흥미진진한 이야기들이 실려 있다. 두고두고 지키도록 하나님께서 직접 정해주신 여러 절기와 예배의식, 법률 제도 등도 볼 수 있다.

레위기 이스라엘 백성이 지켜야 할 규칙을 모은 법률서. 언약을 품은 백성이 깨끗한 삶과 마음으로 하나님과 친밀한 관계를 맺으며 살아갈 여러 방법을 구체적으로 제시한다. 하나님께 드리는 제사와 제물의 종류, 제사장의 자격과 권위, 정결한 짐승과 부정한 짐승, 성적인 규례, 결혼과 가정을 둘러싼 제도, 사형으로 다스려야 할 범죄, 땅의 소유권, 안식년과 희년 제도 등을 자세히 다룬다.

민수기 두 차례의 인구조사 기록을 밑그림으로 이스라엘 백성의 광야 생활을 따라간다. 종살이에서 풀려난 감격은 어느 결에 사라지고 불평과 불만이 이스라엘 백성 가운데 자리 잡는다. 원망은 모세와 그 가족, 그리고 실질적으로는 하나님을 향하기에 이르고, 마침내 온 백성이 불순종의 대가를 치르게 된다. 이집트에서 출발한 첫 세대는 영영 약속의 땅에 들어가지 못하고 광야에서 스러지고 만다.

신명기 약속의 땅을 코앞에 두고, 모세가 이스라엘 백성에게 남긴 마지막 당부. 모세는 이집트의 손아귀에서 벗어난 뒤로 40년에 걸쳐 광야를 떠돌았던 세월을 되짚는다. 하나님을 외면하고 우상을 숭배했던 죄를 지적하는 한편, 그럼에도 불구하고 조금도 부족함 없이 먹이고 입힌 하나님의 돌보심을 일깨운다. 이어서 율법의 가르침을 일일이 꼽아가며 하나님 앞에서 거룩하게 사는 일이 얼마나 중요한지 강조한다. 하나님의 법에 따르는 이가 누릴 축복과 거부하는 이에게 향하는 저주를 낱낱이 열거한다. 모세가 눈을 감으면서 이스라엘 역사도 새로운 국면으로 넘어간다.

여호수아기 새로운 지도자 여호수아를 따라 요단강을 건넌 이스라엘 백성의 가나안 정복기. 하나님의 능력에 힘입어 견고하기 이를 데 없는 여리고 성을 무너뜨리면서 시작된 정복 전쟁은 치열한 공방을 거듭하며 길게 이어진다. 하나님께서 알려주신 전투 원칙에 충실했을 때는 어김없이 승리를 거뒀지만, 자만해서 또는 속임수에 넘어가 명령을 어겼을 때는 막대한 피해를 입었다. 여호수아는 싸워 얻은 땅들을 각 지파에 나눠주고, 끝까지 하나님께 충실하겠다는 백성의 다짐을 받는다.

사사기 모세와 여호수아 이후, 이스라엘에 임금이 나오기 전까지 긴 세월 동안 백성을 다스렸던 숱한 지도자(사사)들의 이야기. 약속의 땅에 자리를 잡았지만, 이스라엘 백성은 누가 자신들의 참 하나님인지를 이내 잊고 말았다. 신앙은 흐트러지고, 우상숭배가 만연했다. 세상은 거칠어졌고, 틈만 나면 뭇 민족들의 침략과 압제에 시달렸다. 하나님은 그때마다 사사들을 세워 백성을 구출하고, 그분과 맺은 약속을 소중히 여기라고 요구하신다.

룻기 사사 시대에 살았던 룻이라는 여인의 일대기. 독특하게도 주인공 룻은 히브리인이 아니었다. 멸시의 대상이었던 이방인, 그것도 이스라엘과 적대지간인 모압의 여인이 어떻게 히브리 역사의 한 장을 차지하게 되었을까? 남편과 사별하고, 먹고살 길조차 막막했던 이방 여인이 율법이 정한 의무를 충실히 이행하려는 진실한 사내와 만나 건강하고 안정된 삶을 회복하는 이 단순한 이야기가 오늘을 사는 우리에게 전하는 메시지는 무엇일까?

사무엘기상 사사의 시대가 마무리되고 왕의 통치가 시작되는 시기의 거대한 역사 드라마. 주요 등장인물은 사무엘, 사울, 다윗이다. 일찌감치 제사장 손에 맡겨져 성전에서 살았던 사무엘은 곧바른 사사로 성장하고, 이스라엘의 왕정을 여는 중책을 맡는다. 첫 왕 사울은 뛰어난 자질을 가졌지만 제 힘과 능력을 과신한 탓에 서서히 몰락의 길을 걷는다. 하나님의 명령에 따라 사무엘은 다시 다윗에게 기름을 붓고 왕위를 넘긴다. 저 유명한 '다윗과 골리앗'의 한판 승부 이야기도 여기서 볼 수 있다.

사무엘기하 이스라엘 역사를 통틀어 가장 위대한 임금으로 꼽히는 다윗의 통치와 추락을 그린다. 난국을 진정시키고 왕위에 오른 그는 주변 국가들을 잇달아 굴복시키고 빼앗겼던 법궤를 되찾았으며, 영토를 크게 넓혀 강국으로 성장할 토대를 놓는다. 하지만 간통을 저지르고 충직한 부하를 사지에 내몰아 죽게 하는 치명적인 범죄를 저지르면서 단번에 추락하고 만다. 이윽고 사랑했던 아들이 반란을 일으키고, 함께 사지를 넘나들었던 신하들이 갈라져 서로 죽이는 비극적인 사태가 벌어진다.

열왕기상 솔로몬과 그 이후에 등장한 왕들, 그리고 걸출한 예언자들의 행적을 기록한 책. 왕위 다툼의 최종 승자가 된 솔로몬은 통치 초기, 대대적인 제사를 드리고 웅장한 성전을 건축하는 등 하나님을 향한 진심을 드러낸다. 하지만 명성과 권력이 드높아지자 초심을 잃고 백성에게 높은 세금과 힘든 노역을 강요하는 한편, 끝없는 정략결혼으로 동맹을 늘려간다. 결국 솔로몬이 눈을 감기 무섭게 왕국은 이스라엘과 유다로 갈라진다. 두 나라는 제각기 왕위를 이어가며 끝없이 부대낀다. 하나님은 엘리야를 통해 권능을 드러내 보이며 거룩한 약속을 상기시키고 회개를 촉구하신다.

열왕기하 이스라엘과 유다 왕국이 차례로 무너져 내리는 쇠락의 역사를 다룬다. 하나님은 예언자들을 숱하게 보내 멸망을 경고하고 바른길로 돌아서길 요구하시지만, 두 나라의 대다수 임금들은 귀를 단단히 틀어막고 거룩하지 못한 삶으로 오로지한다. 예언자 엘리야의 뒤를 이은 엘리사는 수없이 많은 기적들을 일으키고 개혁을 부르짖었지만, 보람을 얻지 못한다. 결국 북쪽 이스라엘은 앗시리아에, 남쪽 유다는 바빌론에 차례로 멸망당하고 만다.

역대지상 아담부터 다윗에 이르는 이스라엘의 방대한 족보, 그리고 다윗이 통치하던 시절의 역사를 기록한 책. 족보는 포로로 끌려갔다 간신히 고향으로 돌아온 이스라엘 백성에게 민족의 정체성을 확인시키고 궁극적으로 되돌아가야 할 지점이 어디인지 가리켜 보여준다. 족보를 상세하게 소개한 뒤에는 언약궤를 되찾고 성전 지을 준비를 완벽하게 갖춰놓았던 다윗 임금에 초점을 맞춘다. 다윗 왕국은 영광스러운 역사의 첫 줄이었고, 성전은 하나님과 맺은 약속의 상징이었기 때문이다.

역대지하 역대지하는 솔로몬 왕국으로 시선을 돌린다. 솔로몬이 지은 성전이 얼마나 화려하고 웅장했는지, 그 안에 들어가는 기구 하나하나까지 상세히 그려가며 소개한다. 아울러 솔로몬의 부귀와 영화가 얼마나 대단했으며 지혜가 얼마나 탁월했는지 낱낱이 되새김질한다. 뒤를 이은 임금들의 발자취를 따라가며 이스라엘이 몰락하고 포로 신세가 되었음을 알리지만, 끝머리에는 고레스가 내린 해방 명령을 실어 또 다른 시대가 열릴 것임을 예고한다.

에스라기 페르시아로 끌려갔다가 풀려난 이스라엘 백성의 귀향, 그리고 성전과 성벽을 다시 세우는 힘겨운 씨름, 무너진 이스라엘 백성의 신앙을 되세우려는 선지자 에스라의 분투를 다룬다. 기적처럼 포로 신세에서 벗어나 고향으로 돌아온 백성은 감격 속에 제사를 드리고 성전과 성읍 재건에 나서지만, 완공을 보기까지는 악랄하고도 치밀한 적들의 방해 공작에 시달려야 했다. 뒤늦게 2진을 이끌고 이스라엘에 돌아온 에스라는 신앙이 형편없이 흐트러진 동포들의 모습에 경악하고 곧장 회복운동에 나선다.

느헤미야기 에스라와 비슷한 시대를 살았던 느헤미야가 고향으로 돌아와 펼친 개혁운동을 담고 있다. 바빌론에서 임금을 모시는 관리로 일하던 느헤미야는 재건 공사가 지지부진하다는 고국 소식에 귀환을 결심한다. 고향에 돌아온 느헤미야는 적대 세력의 압박을 뿌리치고 여러 가문과 힘을 모아 재건 공사를 마무리한다. 마침내 공사가 끝나자, 이스라엘 백성은 한데 모여 율법을 낭독하고, 죄를 뉘우치고, 예배를 드리고, 삶의 자세를 가다듬었다.

에스더기 페르시아의 임금 아하수에로의 왕비가 된 유대 여인 에스더의 파란만장 일대기. 에스더가 포로의 처지에서 단번에 왕비가 되었을 즈음, 유대인들은 총체적인 난국을 맞는다. 임금의 총애를 받는 고관 하만이 자신에게 고분고분 고개를 숙이지 않는 유대인들을 모조리 말살하기로 작정하고 실행에 들어간 까닭이다. 에스더는 제 목숨을 내놓고 동족을 살리는 데 앞장선다.

욥기 더없이 풍요롭고 행복한 삶을 누리던 이가 하루아침에 가진 걸 다 잃어버리고 고통의 수렁에 빠진다면, 그이의 뇌리엔 어떤 생각들이 오갈까? 나무랄 데 없이 선한 성품, 풍요로운 삶, 화목한 가정까지 무엇 하나 모자람 없던 욥은 거대한 불행에 휩쓸려 고통의 바다 깊숙이 가라앉고 만다. 친구들은 잘못한 게 있으니 벌을 받는 게 아니냐고 하지만, 욥으로선 불행의 원인을 도무지 가늠할 수 없다. 토론이 이어지고 목소리가 높아지지만, 결론은 나지 않는다. 이제 하나님의 답을 들어볼 차례다. 그분은 무어라 하시는가?

시편 하나님의 백성이 부르는 노래 모음. 다윗과 솔로몬을 비롯해 여러 시인들의 노래를 모았다. 하나님의 됨됨이와 이루신 일들을 높이고 찬양하는 노래가 많지만, 그것이 전부는 아니다. 더러는 베풀어주신 은혜에 감격하기도 하고, 괴로움을 호소하며 도움을 구하기도 하고, 허물을 고백하고 용서를 구하기도 하고, 하나님께서 주신 약속을 되새기기도 하며, 예배의 즐거움을 노래하기도 한다.

잠언 하나님을 임금으로 삼고 사는 백성의 눈으로 어떻게 세상을 살아야 할지 간결하게 정리한 글 모음. 지혜가 얼마나 소중한 보물인지 누누이 설명한 뒤, 좋은 친구를 사귀고, 슬기로운 말을 하고, 게으름과 성적인 유혹을 피하는 법 등 다양한 주제를 다룬다. 흔히 보는 교훈집이나 금언서와는 출발이 다르다. 잠언은 지혜의 근원을 하나님에 두는 까닭이다.

전도서 땅에 코를 박고 사는 이들에게 삶의 본질을 가리켜 보이며 고개를 들어 하늘을 올려다보라고 가르치는 책. "헛되고 헛되다. 모든 것이 헛되다"라는 선언에서 출발해 무슨 일이든 때가 있는 법임을 일깨운다. 인생은 불공평하며 한 치 앞도 알 수 없지만, 조바심칠 게 아니라 오늘을 살며 하나님을 바라보라고 권한다.

아가 두 연인이 나누는 사랑 노래. 낯빛이 까만 여인과 왕이기도 하고 목자이기도 한 사내는 끝없이 연모하고, 사랑을 나누며, 혼인의 즐거움을 만끽하고, 더불어 춤을 춘다. 둘이 서로를 그리워하며 쏟아내는 고백은 다정하고, 안타까우며, 사랑스럽고, 더러 에로틱하기까지 하다.

이사야서 네 임금의 치세와 흥망성쇠를 지켜본 선지자 이사야는 유다와 예루살렘에 관한 환상을 보고 백성에게 하나님이 주신 메시지를 선포한다. 하나님께 등을 돌린 '죄지은 민족, 허물이 많은 백성, 흉악한 종자, 타락한 자식들'을 향해 심판이 코앞에 닥쳤음을 경고하는 반면, 다른 한편으로는 그럼에도 불구하고 더없이 큰 권세로 구원하시는 하나님의 사랑을 선포한다.

예레미야서 유다가 막바지를 향해 치닫던 시절에 활동했던 예언자 예레미야가 전하는 하나님의 메시지. 멸망이 코앞에 닥쳤으니 당장 뉘우치고 돌아서라 외쳤기에 백성의 격렬한 반발을 샀다. 임금과 백성의 비위를 맞추기에 급급한 사이비 예언자들의 모욕을 감수해야 했고, 옥에 갇히기도 했다. 하지만 예레미야는 암울한 미래를 예고하는 데 그치지 않고 하나님의 약속이 회복되는 궁극적인 미래를 가리켜 보인다.

예레미야 애가 유다의 참담한 미래를 내다보고 탄식하며 눈물짓는 예언자의 노래. 백성은 사로잡혀 사방팔방으로 뿔뿔이 흩어지고, 거룩한 성 예루살렘은 황폐해져 적막이 감돈다. 예언자는 이 모두가 마땅히 치러야 할 죗값임을 지적하고, 고아의 처지가 된 백성을 기억해주시길 하나님께 호소한다.

에스겔서 포로로 끌려간 바빌론에서 예언자로 활동했던 에스겔의 메시지. 앞선 책의 예언자들처럼 유다와 뭇 나라들에 쏟아질 하나님의 심판을 선포하고, 예루살렘의 회복과 축복을 예고하며, 하나님께서 더없이 가까이 함께해주실 미래를 소망한다. 책을 가득 채운 기이하고 기묘한 행적과 환상들은 이런 메시지들을 생생하게 전달하고 깊이 각인시킨다.

다니엘서 포로의 처지로 바빌론 왕궁에 살며 집중 관리를 받았던 유다 청년 다니엘이 하나님을 향한 순수한 마음을 지키기 위해 벌였던 씨름, 그리고 그이가 꿈에 보았던 놀라운 환상을 기록한 책. 한결같은 신앙을 가졌던 까닭에 다니엘은 일생일대의 위기를 겪지만, 하나님의 극적인 개입으로 목숨을 건진다. 후반부에는 다니엘이 보았던 기이한 환상과 상징들이 파노라마처럼 펼쳐진다.

호세아서 신앙적으로 한없이 타락하고 우상숭배가 극성을 부리던 이스라엘 땅에서 활동했던 예언자 호세아의 입을 통해 전하는 하나님의 메시지. 바람기 가득한 아내를 결코 포기하지 않고 줄곧 사랑을 이어가는 삶을 통해 하나님의 사랑이 얼마나 극진한지 한눈에 보여준다.

요엘서 유다와 예루살렘에 닥친 엄청난 자연재해를 소재로 예언자 요엘이 전한 하나님의 메시지. 예언자는 메뚜기 떼의 습격을 이민족의 침입에 빗대어 설명한 뒤, 뉘우치고 돌아오기를 기대하는 하나님의 마음을 전한다. 하나님은 진심으로 회개하면 재앙을 거두기도 하는 분임을 강조하며, 즉각적이고 전폭적인 회개를 촉구한다.

아모스서 종교적인 타락과 위선, 무너진 정의, 부패한 사회를 매섭게 비판했던 예언자 아모스가 전한 하나님의 메시지. 다마스쿠스와 모압을 비롯해 숱한 주변 국가들을 향한 하나님의 진노와 징계를 선포하고 이스라엘의 멸망을 예언하지만, 거룩한 질서가 회복된 미래에 대한 예고도 빼놓지 않는다.

오바댜서 예언자 오바댜의 입을 통해 에돔을 향한 노여움과 심판을 예고하시는 하나님의 메시지. 유다가 바빌론에 시달리는 모습을 지켜보며 돕기는커녕 도리어 웃음 짓던 오만한 에돔은 하나님의 손에 무너지고, 거룩한 백성이 승리를 거둘 것을 예고한다.

요나서 예언자 요나는 강대국 니느웨에 가서 죄를 꾸짖고 심판이 임박했음을 알리라는 하나님의 명령을 받지만, 순종 대신 도망을 택한다. 이후에 벌어지는 사건들은 속속들이 죄에 물든 인간일지라도 돌이키기만 하면 얼마든지 용서하시겠다는 하나님의 속내를 여실히 보여준다.

미가서 정의는 무너지고 죄악이 차고 넘치는 유다와 이스라엘을 꾸짖고, 거룩한 뜻과 질서가 지배하는 새로운 세상을 그려 보이며, 하나님께서 진정으로 원하시는 바가 무엇인지를 명쾌하게 제시한다.

나훔서 나훔이 선포한 하나님의 메시지로 '피의 도성, 거짓말과 강포가 가득하며 노략질을 그치지 않는 도성' 니느웨의 멸망을 예고한다. 하나님이 얼마나 크고 강하며 사랑이 가득한 분인지 설명하고, 그 권세가 어떻게 니느웨를 파멸에 이르게 할지 그림처럼 선명하게 보여준다.

하박국서 정의와 심판에 대한, 예언자 하박국과 하나님의 질의응답. 하박국은 세상에 이토록 불의가 가득한데 하나님은 어째서 짐짓 모른 체하시는가 따져 묻고, 하나님께서는 지체 없이 단호한 답변을 내놓으신다. 하박국은 "주 하나님은 나의 힘"이라는 고백으로 긴 대화를 마무리한다. 하나님은 과연 어떤 답을 주셨을까?

스바냐서 예언자 스바냐가 전하는 하나님의 메시지. 유다와 열방의 죄상을 통렬하게 지적하고 시시각각 다가오는 심판을 예고하는 한편, 징벌이 그치는 '그날이 오면' 축제 같은 즐거움이 가득하리라고 가르친다.

학개서 바빌론 포로 생활에서 풀려나 고국에 돌아온 뒤, 성전을 다시 세우기 위해 안간힘을 썼던 예언자 학개가 전하는 하나님의 메시지. 재건 작업이 지지부진한 현실 앞에서 성전을 다시 세우는 행위가 갖는 의미를 설파하고, "언약이 아직도 변함이 없고, 나의 영이 너희 가운데 머물러 있으니, 너희는 두려워하지 말라"는 거룩한 음성을 전달한다.

스가랴서 뿔과 대장장이, 측량줄, 대제사장 여호수아, 순금 등잔대와 두 올리브나무, 날아다니는 두루마리, 곡식 넣는 뒤주, 병거 네 대 등 기이하고 다양한 환상들을 기록하고, 선택한 백성을 향한 하나님의 구원 계획을 소개하는 예언자 스가랴의 글.

말라기서 구약성경의 마지막 책. 진실한 예배가 사라지고 말라비틀어진 형식만 남은 세상, 약자들이 억압받고 소외되는 불의한 사회를 고발하고, 하나님께서 '특사'를 보내셔서 온갖 불순한 동기와 행위들을 정결하게 하며 굽은 정의를 바로 세우시는 날이 기필코 오리라고 단언한다.

Bible in Hand | 교양인을 위한 성경

Bible in Hand | 교양인을 위한 성경 시리즈는 성경 원문의 뜻을 우리말 어법에 맞게 정확하게 번역한 〈성경전서 새번역〉 본문과 해제로 구성되어 있다. 성경을 읽으면서 생기는 질문에 답을 주는 질문과 해제 부분의 경우, 구약은 김근주 교수(기독연구원 느헤미야), 신약은 권연경 교수(숭실대 기독교학과)가 성경을 읽어가는 재미와 정보의 길안내를 맡았다. 이 시리즈는 구약 17권, 신약 9권으로 2023년 완간 예정이다.

구약

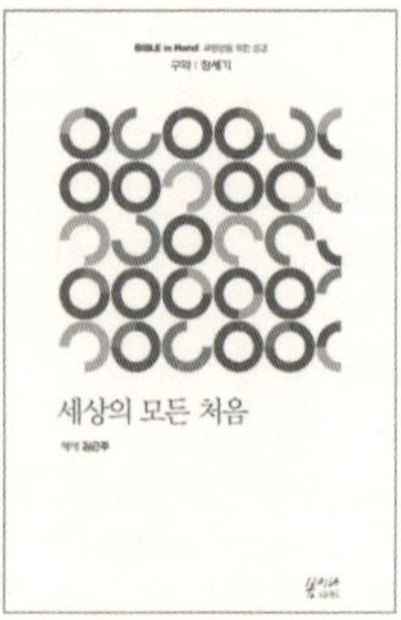

세상의 모든 처음
창세기 | 248p | 11,000원

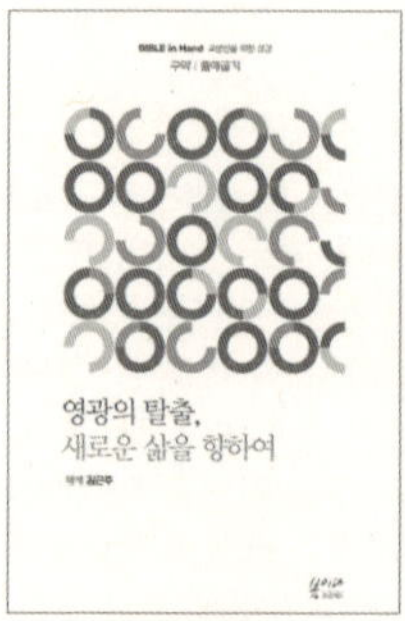

영광의 탈출, 새로운 삶을 향하여
출애굽기 | 212p | 11,000원

선택, 어느 편에 설 것인가?
여호수아기 · 사사기 · 룻기 | 278p | 15,000원

왕국의 출발, 왕의 조건을 묻다
사무엘기(상 · 하) | 316p | 19,000원

마음의 끝에서 부르는 새 노래
시편 | 358p | 19,000원

지혜와 삶과 사랑
잠언 · 전도서 · 아가 | 192p | 8,500원

어둠을 딛고 빛을 읽다
이사야서 | 278p | 15,000원

신약

성취된 약속, 왕으로 온 메시아
마태복음서 | 188p | 10,000원

너희는 나를 누구라고 하느냐?
마가복음서 | 128p | 7,000원

검은 현실을 부수는 빛의 소리
요한복음서 | 156p | 8,000원

행진, 담대하게 거침없이
사도행전 | 176p | 8,500원

벼랑 끝 인생에게 주는 생존방정식
로마서·고린도전후서·갈라디아서 | 272p | 15,000원

BIBLE in Hand 교양인을 위한 성경

하나님 없는 세상에서 하나님과 함께 살아가기

구약 | 에스라기 · 느헤미야기 · 에스더기

1쇄 발행일 2022년 1월 23일
2쇄 발행일 2023년 7월 27일

펴낸이 최종훈
펴낸곳 봄이다 프로젝트
등록 2017-000003
주소 경기도 양평군 서종면 황순원로 414-58 (우편번호 12504)
전화 02-733-7223
이메일 hoon_bom@naver.com

책임편집 이나경 박준숙
디자인 designGo
표지 이미지 shutterstock
인쇄 SP

ISBN 979-11-92240-01-5
값 9,000원

• **봄이다 프로젝트 페이스북** www.facebook.com/ltis.spring.2017
• **봄이다 프로젝트 블로그** https://blog.naver.com/hoon_bom